Walter Isendahl Harry Meville
Motorjachten
ihre Einrichtung und Handhabung (2.Auflage 1921)

Walter Isendahl Harry Meville

Motorjachten

ihre Einrichtung und Handhabung (2.Auflage 1921)

ISBN/EAN: 9783954270071
Erscheinungsjahr: 2012
Erscheinungsort: Bremen, Deutschland

© maritimepress in Europäischer Hochschulverlag GmbH & Co. KG, Fahrenheitstr. 1, 28359 Bremen. Alle Rechte beim Verlag und bei den jeweiligen Lizenzgebern.

www.maritimepress.de | office@maritimepress.de

Bei diesem Titel handelt es sich um den Nachdruck eines historischen, lange vergriffenen Buches. Da elektronische Druckvorlagen für diese Titel nicht existieren, musste auf alte Vorlagen zurückgegriffen werden. Hieraus zwangsläufig resultierende Qualitätsverluste bitten wir zu entschuldigen.

Motorjachten

von

H. de Méville

2. Auflage

von

Walther Isendahl

Motorschiff- und Jacht-Bibliothek Band 6

Motorjachten
ihre Einrichtung und Handhabung

von H. de Méville

2. vermehrte und verbesserte Auflage bearbeitet von

Walther Isendahl
Zivilingenieur

Mit 76 Abbildungen im Text und einer bunten Tafel

BERLIN W. 62
Richard Carl Schmidt & Co.
1921

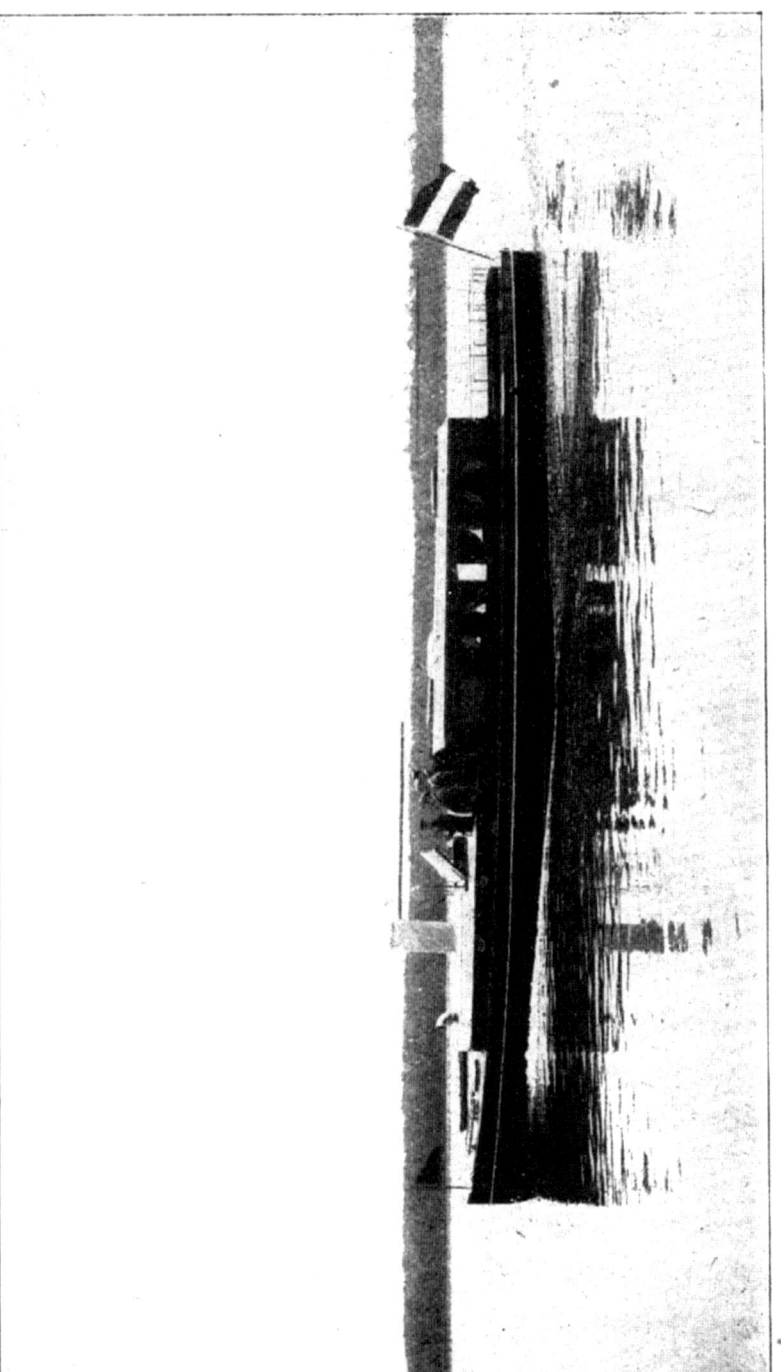

Binnenkreuzer.

Vorwort.

Die erste Auflage dieses Buches der Motorschiff- und Jacht-Bibliothek erschien im Jahre 1908 aus der Feder des Herrn H. de Méville als Band 32 der Autotechnischen Bibliothek. Das damals zur Verfügung stehende Material an rein deutschen Jachtkonstruktionen war verhältnismäßig gering, da die Entwicklung dieser Fahrzeuge in Deutschland dem Auslande, namentlich Amerika und England, gegenüber noch weit im Hintertreffen war. Das hat sich seit 1908 dank der rührigen Tätigkeit des 1906 gegründeten Deutschen Motorboot-Klubs und des 1907 gegründeten Motorjacht-Klubs von Deutschland erheblich zugunsten der deutschen Industrie geändert. Der durch die zielbewußten Bestrebungen beider Klubs ins Leben gerufene Deutsche Motorjacht-Verband, der außer ihnen und dem früheren Kaiserlichen Jacht-Klub auch alle diejenigen Automobilklubs umfaßt, die Motorbootabteilungen unterhalten, hat an dieser günstigen Entwicklung ebenfalls ein nicht geringes Verdienst.

Aus dieser Entwicklung ergab sich, daß bei einer Neubearbeitung des Bandes auf die Abbildung und Beschreibung englischer und amerikanischer Konstruktionen, wie sie in der ersten Ausgabe fast vorherrschend vertreten sind, verzichtet werden konnte. Die deutschen Konstruktionen sind so hoch entwickelt und bieten dem Sportmanne, dessen Interessen der Band gewidmet ist, so viel Reichtum an Ideen und bei aller Abwechslung so viel Güte der Ausführung, daß es sich erübrigt, ausländisches Material zum Vergleiche heranzuziehen. Deshalb soll auch das Buch in erster Linie dazu dienen, dem Leser über den Stand des deutschen Motorjacht- und Motorbootbaues einen kleinen Überblick zu geben und ihm die Auswahl dessen zu erleichtern, was er für seine Zwecke am geeignetsten hält. Dagegen konnten die Abschnitte über „Ausrüstung", „Seemannschaft" usf. unverändert beibehalten werden.

Die Kriegszeiten brachten es mit sich, daß nicht jede vorhandene kleine oder große Werft mit Rissen oder Abbildungen vertreten sein konnte. Die Auswahl des von den meisten Werften in liebenswürdiger Weise in reichem Maße zur Verfügung gestellten Materials ist lediglich nach dem Gesichtspunkte getroffen, die Mannigfaltigkeit der Ausführungsmöglichkeiten zu zeigen.

Diese Mannigfaltigkeit aber ist es gerade, die auch zeigt, weshalb an eine allgemeine Verbilligung des Motorbootbaues, etwa wie beim Automobilbau, zunächst nicht zu denken ist. Der Motorbootbau wird nie ein Serienbau in dem Maße wie der Automobilbau werden, weil einmal der Interessentenkreis ein zu kleiner ist, zum anderen aber jeder dieser Käufer seine eigenen Bequemlichkeitsideen hat, die — wenn er sich schon die Anschaffung eines solchen Objektes erlaubt — auch gern verwirklicht werden sollen.

Der eine fährt gern schnell und will durch den rauschenden Gischt der Bugwelle gekitzelt werden; er kauft ein Schnellboot und geht vielleicht später zum Rennboot über. Der andere begnügt sich mit einem schnellen Tourenboot, womöglich à la Auto frisiert, für Tagestouren. Der dritte kann sich damit nicht begnügen, er muß darauf mindestens kochen können und einen Unterschlupf für die Nacht haben. Er bekommt ein offenes Boot mit einer langen Back à la Hundehütte, wo er nachts trocken und warm liegt. Hieraus entwickelt sich dann allmählich die bequemere Vorderkajüte mit Sitz- oder Stehhöhe, Pantry, W. C. usw.

Man sieht schon hier, die Liebe zum Motorboot geht — nicht durch den Magen — sondern durch den Geldbeutel. Der vierte, fünfte, sechste e tutti quanti verlangen eine bequemere oder eine ganz große, feine Kajüte mit vielem Platz zum Essen und zum Schlafen, geräumige Kojen für die Besatzung, Binnenkreuzer, Seekreuzer, eine Maschine, zwei Maschinen, manchmal alles, was sogar bei 18 m Länge und mehr schwer unterzubringen ist, in einem Boot von 12 m. Da ist häufig eine sehr geschickte Diplomatie der Werften und des Konstrukteurs notwendig, um die Wünsche mit dem Geldbeutel des Bestellers einerseits und der Ausführungsmöglichkeit andererseits in Einklang zu bringen. Hier und da muß auf zuviel verzichtet werden, um das wirklich Notwendige und Wichtige zu ermöglichen. Wenn daher das Büchlein dem Leser einen Anhalt für das in vernünftigen Grenzen Erreichbare geben kann, so ist sein Zweck damit erfüllt. Der Wassersport im eigenen Boot bietet so viele Freuden und Behaglichkeit, daß jeder, der darin warm geworden ist, sich der schönen Stunden mit Liebe — mancher auch mit Schmunzeln — erinnern wird.

Berlin-Wilmersdorf, Herbst 1920.

Walther Isendahl.

Inhaltsverzeichnis.

	Seite
Vorwort	5
Einleitung	11
I. Offene Boote	14
II. Vorderkajütboote	29
III. Boote mit Mittelkajüte	42
IV. Seefähige Motorjachten	50
V. Die Ausrüstung	99
1. Winden und Spille	100
2. Anker und Ketten	101
3. Pumpen	103
4. Boote	103
5. Rettungsgerät	103
6. Segel und Tauwerk	104
7. Nautische Instrumente	105
8. Flaggen	105
9. Laternen und Lampen	105
10. Materialvorräte	106
11. Proviant	106
VI. Seemannschaft und Manövrierkunde	107
1. Das Steuern	108
2. Die Navigation	112
3. Der Kompaß	114
4. Der Sextant	118
5. Barometer	119
6. Logg	119
7. Das Lot	120
8. Die Seekarten	121
9. In schwerer See	122
VII. Flaggenführung und Zeremoniell	125

	Seite
VIII. Das Signalwesen.	128
IX. Aus der Praxis für die Praxis	132
1. Das Straßenrecht auf See	132
2. Leuchtfeuer und Lotsenwesen	138
3. Seezeichen (Tonnen und Baken)	141
4. Seerettungswesen	141
5. Wind und Wetter	145
6. Wichtige Maße	147
7. Die Wellenberuhigung durch Öl	148
8. Im Boot	150
9. Das Äußere der Jacht	151
10. Das Leben an Bord	151

Einleitung.
Was sind Motorjachten?

Der erfahrene Wassersportler, der dieses Buch in die Hand bekommt, wird mit Rücksicht auf den Titel wohl nur erwarten, die Risse und Abbildungen großer wohnlicher Boote zu finden und sich mit dem Auftreten offener Schnellboote sowie kleiner Kajütboote nicht sobald abfinden können.

Unter Motorjachten versteht man im allgemeinen bereits ein größeres Fahrzeug, dessen Raumverhältnisse ein bequemes Wohnen an Bord gestatten, damit sich der Jachteigner auch „zu Hause" fühlen kann. Hierzu gehört natürlich auch das Vorhandensein entsprechender Mannschaft an Bord. Wenn man von letzterem absehen will und an die vielen Sportleute denkt, die wie der Segler ihr Boot selbst steuern und bedienen, dann kann man wohl die Grenzen etwas weiter ziehen und auch die mittleren Fahrzeuge noch als Motorjachten passieren lassen, zum Unterschiede von Erwerbsfahrzeugen gleicher Größe, die immer „Motorboote" bleiben werden. Darin liegt zugleich, daß die Bezeichnung „Motorjacht" den Begriff des Sports und des Luxus in sich schließt.

Offene Boote wird man niemals als Jachten bezeichnen; trotzdem haben auch diese Fahrzeuge in dem vorliegenden Bande Aufnahme gefunden, weil ihre getrennte Behandlung in einem besonderen Buche weder gelohnt hätte, noch auch wegen des inneren Zusammenhanges ihres Baues und ihrer Einrichtung mit den größeren Bauten genügend berechtigt gewesen wäre. Infolgedessen haben auch Schnellboote und Rennboote, die einen der schönsten Sports gewähren, die ich kenne, hier liebevolle Aufnahme gefunden.

Nicht aufgenommen sind die sogenannten Auxiliarjachten, d. h. Segeljachten mit Hilfsmotor, da diese Fahrzeuge in erster Linie reine Segeljachten sind, die sich mit Hilfe des Windes fortbewegen und nur bei Flaute ihren im Verhältnis zur Segelgeschwindigkeit des Schiffes schwachen Motor zur Fortbewegung ausnutzen. Hier ist also der Motor Notbehelf um weiterzukommen, während bei der Motorjacht mit Hilfsbesegelung der Motor Triebkraft ist und nur bei Versagen der Maschine die kleine Besegelung als Notbehelf benutzt wird. Bei diesen Fahrzeugen kommt die Besegelung außerdem auch vor allem zum Stützen des Fahrzeuges bei Seegang in Frage, damit die Bewegungen des Bootes stetiger werden und das Boot besser dem Ruder gehorcht.

Ebenso gehören die Hausboote nicht mehr in die Fahrzeuggruppe, die auf den vorliegenden Seiten behandelt ist. Sie sind keine Jachten, haben sehr häufig nicht einmal einen Motor, um ihren Platz selbständig wechseln zu können, und müssen sich dann von einem anderen Fahrzeug dorthin schleppen lassen, wo dem Eigner der Sinn hinsteht. Es sind schwimmende Sommerwohnungen von — sit venia verbo — Wasserlaubenkolonisten, aber keine Jachten. Selbstverständlich soll der Reiz des Wohnens auf solchem Wohnprahm damit unbestritten bleiben. Er wird um so größer, wenn das Hausboot selbst eine genügend starke Maschine hat, um sich auch bei Wind fortbewegen zu können, oder wenn ihm ein Motorboot als Verkehrsboot beigegeben ist, das die Insassen auf diese Weise unabhängig macht.

Wir werden uns daher nur mit vier Gruppen von Fahrzeugen beschäftigen, und zwar mit den **offenen Booten**, zu denen auch die Rennboote zu zählen sind, den **Vorderkajütbooten**, den sogenannten **Binnenkreuzern** und den **Seekreuzern**. Diese vier Gruppen stehen in organischem Zusammenhang miteinander und verdanken ihre Entwicklung und Formgebung den jeweiligen Wünschen des Bestellers, aus denen sich von selbst das für jeden Verwendungsfall günstigste Kompromiß ergeben mußte.

I.
Offene Boote.

Wenn wir im folgenden gleich in medias res gehen und die Formen des Unterwasserschiffs unserer Fahrzeuge nicht behandeln, so liegt der Grund darin, daß hierüber eine sehr reichliche Literatur bereits vorhanden ist und jeder Leser sich selbst leicht darüber

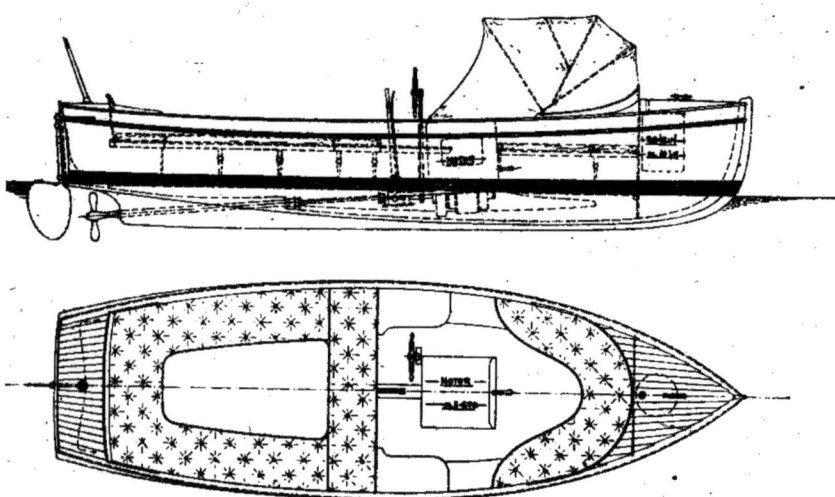

Fig. 1. Jacht-Motorboot. 5×1,50×0,40 m.
(Naglo-Werft, Weinmeisterhorn b. Spandau.)

unterrichten kann. Ich verweise hier besonders auf das im gleichen Verlage erschienene bekannte und trefflich geschriebene Buch von M. H. Bauer, „Das Motorboot und seine Behandlung", das dem Motorbootsportler alle wissenswerten Grundlagen bietet.

Das „offene Boot" ist ein sehr weiter Begriff. Man kann sich, um überhaupt dem ungezwungenen Wandern auf unseren schönen Binnengewässern frönen zu können, mit einem kleinen Fahrzeug von 5 m Länge begnügen, in der Art des in Fig. 1 dargestellten Jachtbeibootes, man kann aber auch im schnellen Renner mit 50 und 60 km Stundengeschwindigkeit über das Wasser hinfliegen.

Das abgebildete kleine Boot ist bei seiner großen Breite sehr stabil und bequem eingerichtet. Als An-

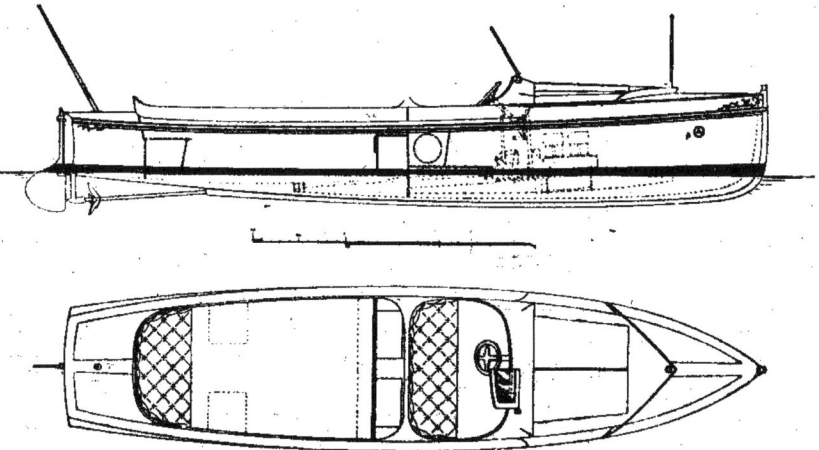

Fig. 2. Mercedes-Autoboot. 7,50×1,70×0,48 m.
(Daimler Motoren-Gesellschaft.)

triebsmaschine dient ein Ein- oder Zweizylindermotor mit Umsteuerschraube. Der Brennstoffbehälter ist vorn unter dem kurzen Deck untergebracht, an das sich ein kleines Klappverdeck anschließt, zum Schutze gegen überkommendes Spritzwasser.

Etwas ganz anderes ist natürlich ein richtiges für Tourenzwecke gebautes Boot, wie es z. B. die folgenden Abbildungen darstellen.

Das Mercedes-Autoboot bietet bereits erhebliche Bequemlichkeiten. Der vierzylindrige Motor ist vollständig eingedeckt im Vorschiff untergebracht und durch das aufklappbare Deck von oben zugänglich. Er wird vom Steuerstand aus angedreht. Eine Windscheibe schützt den Steuermann vor Spritzwasser. An der hinteren Polsterbank sehen wir rechts und links im Grundriß je ein Klapptischchen vorgesehen. Die

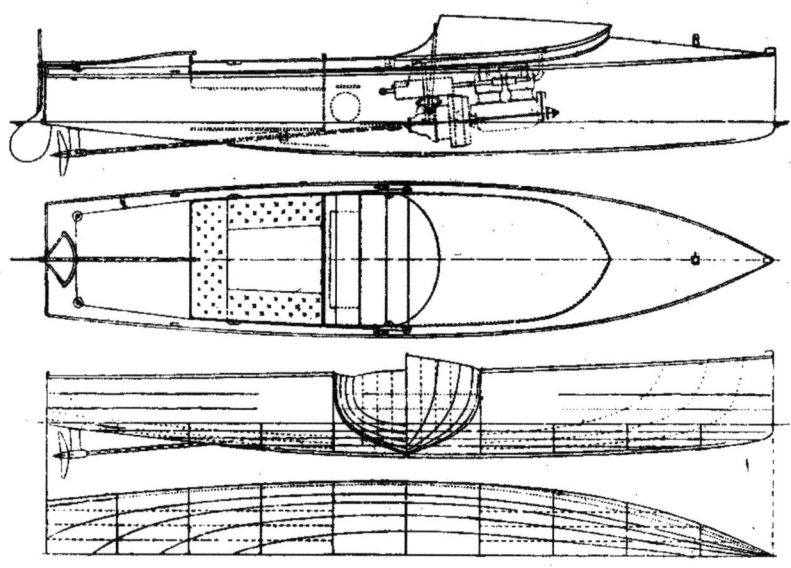

Fig. 3. Motorschnellboot. 7,5 × 1,56 × 0,60 m.
(Klause & Müller, Berlin-Stralau.)

Ausstattung dieser Fahrzeuge mit dem Autolenkrad, Polsterung, Teilung usw. erinnern an die moderne Ausstattung und Form der Automobile. Ob der Gedankengang, der viele Wassersportler dazu geführt hat, von der Industrie solche Fahrzeuge zu verlangen, der wassersportlich richtige ist, will ich dahingestellt sein lassen. Ich ziehe mir vor allem an jedem Boot eine praktisch gelegte Steuerleitung mit einem guten Handspeichenrad vor, da sie das Boot viel handlicher macht.

Das in Fig. 3 dargestellte Schnellboot erfordert schon etwas mehr Sportsinn und größere Gewandheit im Steuern. Fahrzeuge dieses Schnittes sind bei verhältnismäßig geringer Motorstärke ziemlich schnell und bei langsamer Fahrt auch rank. Das abgebildete Boot erreicht mit einer 24-PS-Maschine eine Geschwindigkeit von ca. 30 Stundenkilometern. Die Ma-

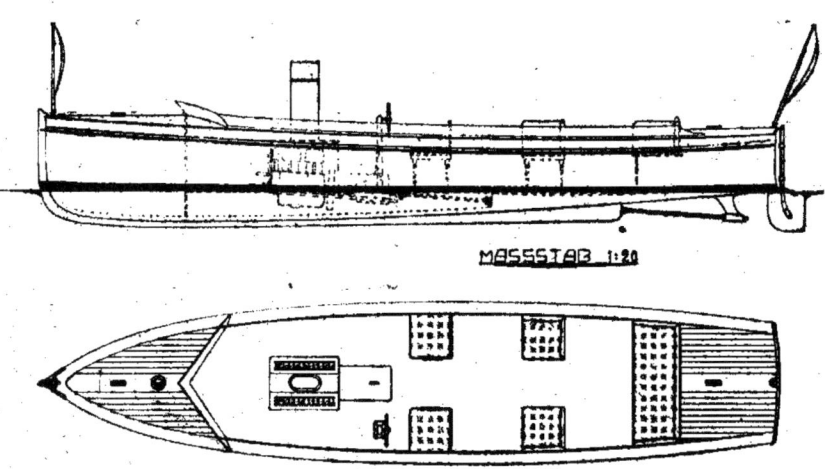

Fig. 4. Schnelles Tourenboot. 8×1,70×0,60 m.
(E. Kluge, Sakrow b. Potsdam.)

schine liegt im Vorschiff unter einem abnehmbaren Schildkrötendeck, während der Brennstofftank sich unter dem Sitz des Steuermanns befindet. Maschinenraum und Steuersitz sind nach hinten durch eine Wand abgeschottet, hinter der sich das Cockpit befindet, das Platz für 4—5 Personen bietet.

Eine ganz andere, auf den Berliner Gewässern recht häufig anzutreffende Einteilung zeigt das schnelle Tourenboot Fig. 4. Hier ist der Motor in einem Kasten im Vorschiff untergebracht, dessen Deckel dachartig ist und beiderseits aufgeklappt werden kann, so daß der Motor leicht zugänglich ist, da auch die Seitenwände des Motorkastens abnehmbar sind. Die Anordnung der fest eingebauten Sitzplätze für 6—7 Personen ist aus der Zeichnung ersichtlich. Diese Boote werden häufig mit amerikanischem Klappverdeck versehen, das im aufgeklappten Zustande das ganze Boot bis vor den Motor überspannt und auch

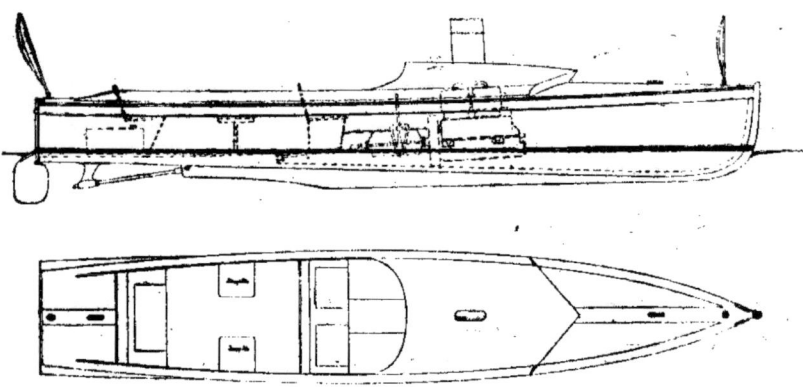

Fig. 5. Motorschnellboot (Autoboot). 9×1,60×0,70 m.
(E. Kluge, Sakrow b. Potsdam.)

seitlich durch Gardinen gegen Regen geschlossen werden kann. Der Abzug der verbrannten Motorgase erfolgt durch einen auf den Motorkasten aufgesetzten kurzen Schornstein, der auch den Schalldämpfer enthält.

Dieselbe Einrichtung sehen wir auch bei dem Autoboot Fig. 5, nur steht hier der Motor unter einem Turtledeck, das abgenommen oder aufgeklappt werden kann.

Auch bei dem schnellen Tourenboot Fig. 6 sehen wir den Motor vorn unter Deck in einem völlig abge-

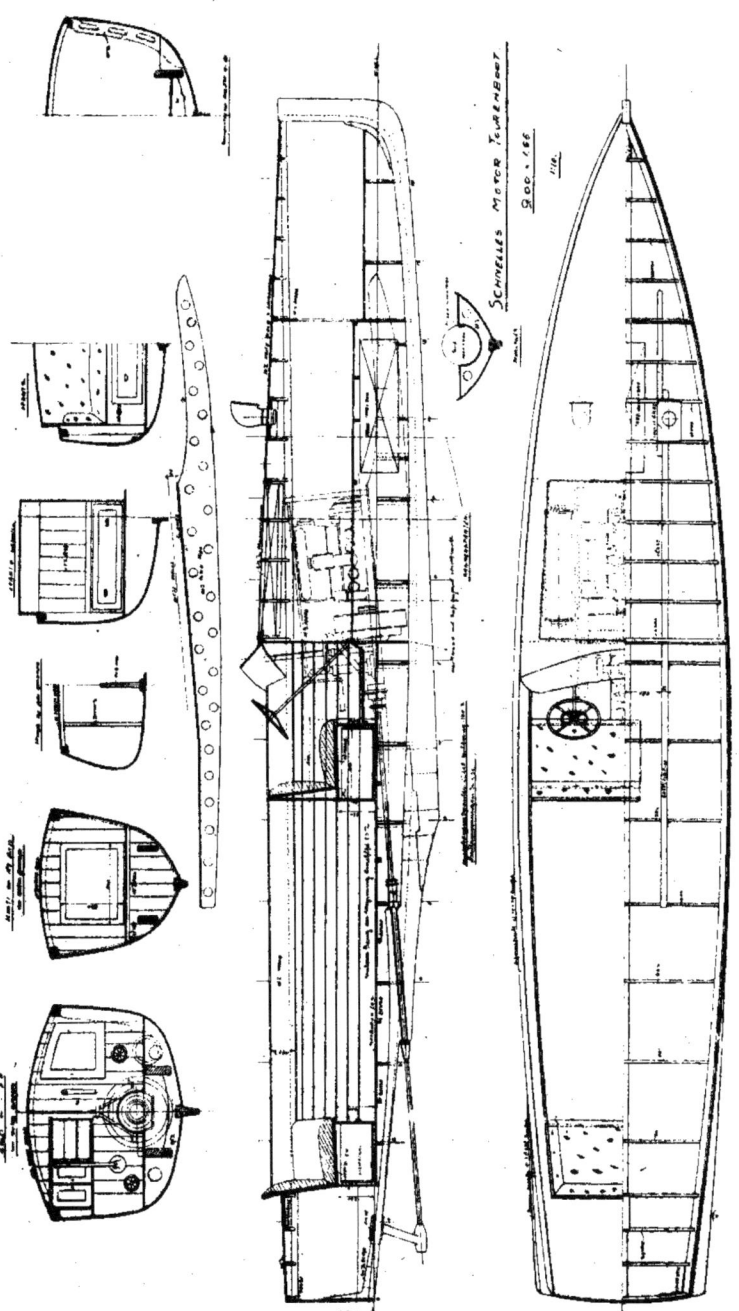

Fig. 6. Schnelles Motortourenboot. 9×1,65 m.
(Havel-Werft, vorm. Hoffmann & Co., G. m. b. H., Potsdam.)

schotteten Motorraum untergebracht, eine Anordnung, die sich sehr viel Anhänger erworben hat, wenn auch das Arbeiten an der Maschine durch diesen Einbau nicht erleichtert wird. Unter dem Fußboden des Maschinenraumes, der durch seine Größe eine sehr übersichtliche Unterbringung des Werkzeugs und Zubehörs gestattet, liegt der Brennstofftank. Das Anwerfen des Motors erfolgt vom Platze des Steuermannes aus. Alle

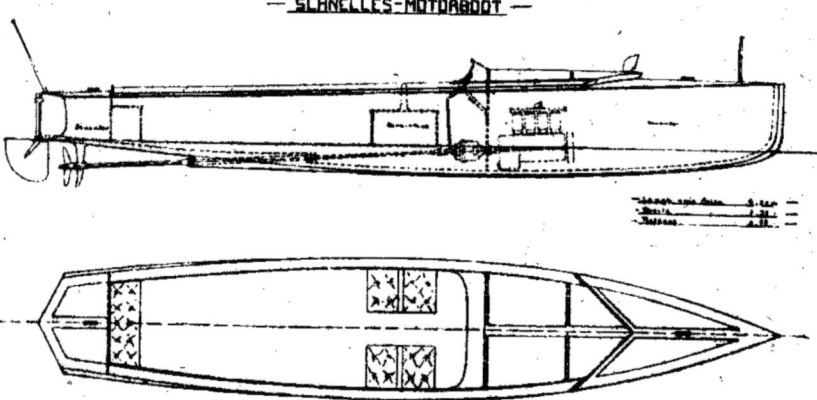

Fig. 7. Schnelles Motorboot. 9,20×1,72×0,75 m.
(Elka-Werft, Werder a. H.)

weiteren Einzelheiten des Bootes ergeben sich aus der Zeichnung.

Eine andere Bootsform und Einteilung zeigt das Schnellboot Fig. 7. Hier sind z. B. die Sitze hinter dem Steuermann mit dem Rücken nach der Fahrtrichtung angeordnet. Hierdurch wird im Cockpit so viel Platz gewonnen, daß bequem noch einige Korbstühle für die Gäste Platz finden. Die Unterbringung des Motors ist die übliche. Auch hier sind große Stauräume für Inventar vorhanden.

Das in Fig. 8 wiedergegebene Boot bietet Sitzplätze für 10—11 Personen. Die Zeichnung zeigt gleichzeitig die Anordnung des Klappverdecks. Zur Entlüftung des Motorraumes finden wir auch hier

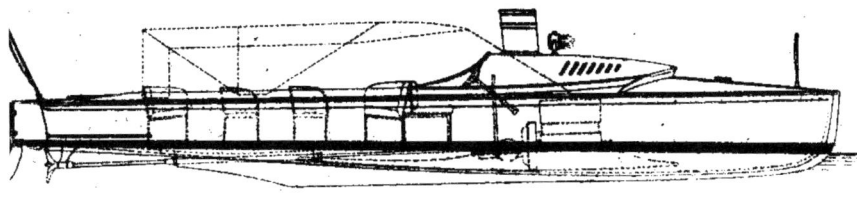

Fig. 8. Motorschnellboot (Autoboot). 9,5×1,7×0,45 m.
(Naglo-Werft, Weinmeisterhorn b. Spandau.)

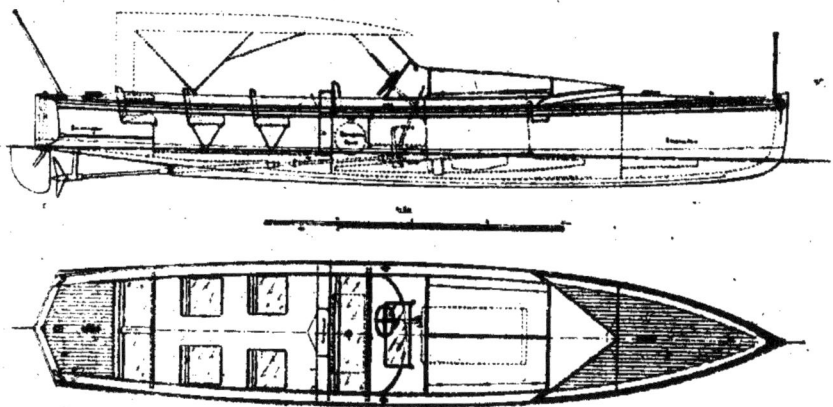

Fig. 9. Schnelles Motorboot. 10×1,80×0,68 m.
(Albatroswerke, Entwurf M. H. Bauer, Friedrichshagen b. Berlin.)

wieder den kurzen Schornstein verwendet, der sich in seiner gedrungenen Form den harmonischen Linien des ganzen Fahrzeugs gut einfügt.

Auch das Boot Fig. 9 ist als Autoboot entworfen und dem herrschenden Geschmack angepaßt. Die Unterbringung des Motors unter einem nach außen aufklappbaren Deck ist die übliche und gewährt reichlichen Stauraum im Vorschiff. Hinter dem Schott, das den Maschinenraum vom Cockpit trennt, ist ein praktisches Schränkchen angebaut, das zum Verstauen

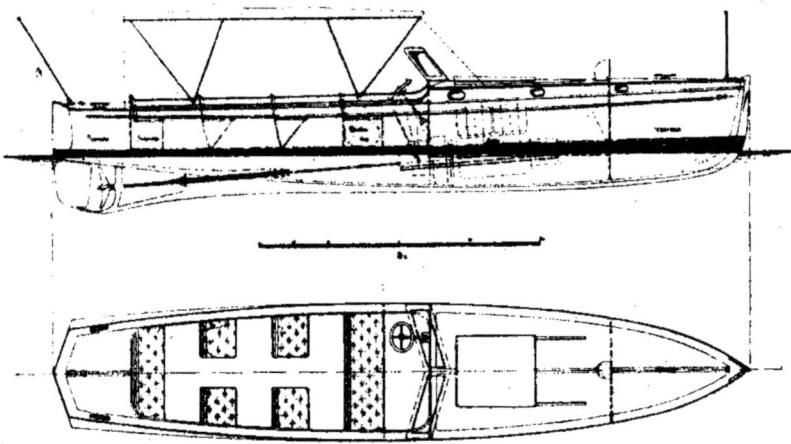

Fig. 10. Motorschnellboot. 10×1,91×0,79, Freibord vorn 1, hinten 0,65 m.
(H. Heidtmann, Hamburg.)

der vielen Kleinigkeiten dient, die man auch bei kurzen Vergnügungsfahrten ungern entbehrt.

Das Boot Fig. 10 zeigt zum Unterschied von den bisher betrachteten Fahrzeugen ein ganz festes Deck über das ganze Vorschiff. Eine Schiebeluke gestattet Zugang zum Motor. Der Motorraum ist gegen das Cockpit fest abgeschottet, ebenso gegen das Vorschiff, dessen Stauraum durch eine Tür in der Schottwand zugänglich ist. Gegen die bisher abgebildeten Boote zeigt dieses insofern einen bemerkenswerten Unterschied, als das Steuerruder völlig unter dem Heck des Bootes liegt und nicht darüber hinaussteht, ein Vor-

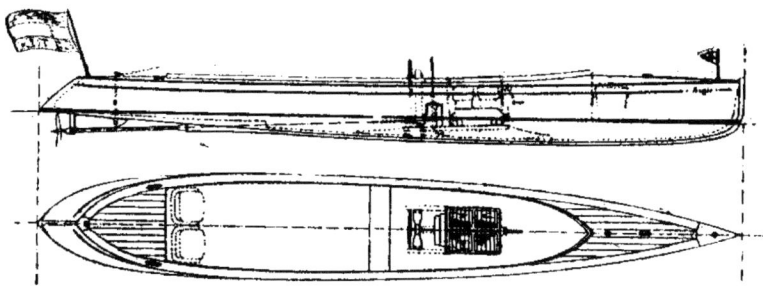

Fig. 11 Motorschnellboot. 11×1,60×0,60 m.
(Klause & Müller, Berlin-Stralau.)

teil, der sich besonders beim Manövrieren im engen Fahrwasser, an Kaianlagen, kurz, in allen den Lagen

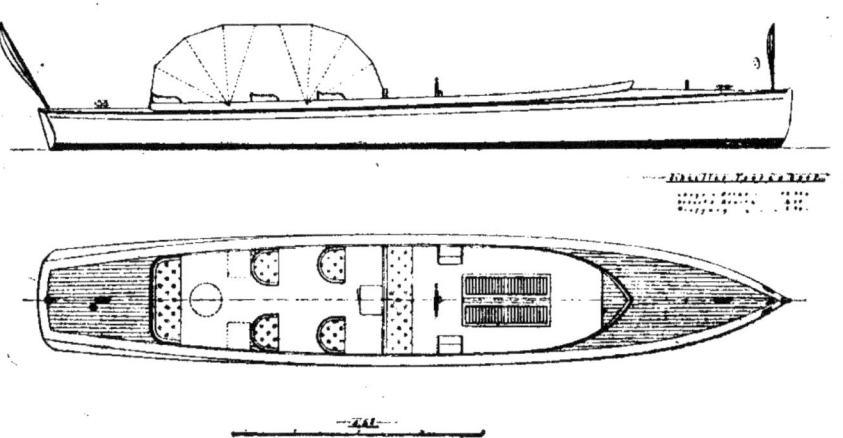

Fig. 12. Schnelles Tourenboot. 12×2×0,70 m.
(Abeking & Rasmussen, Lemwerder a. W.)

bemerkbar macht, wo eine Beschädigung oder Behinderung des hinten vorstehenden Ruders eintreten würde.
Die Bauart Fig. 11 ist wegen ihres sehr geringen Freibords nur für ziemlich ruhiges Wasser verwend-

bar. Die Fahrzeuge laufen gut und halten das Wasser über der Schraube gut zusammen. Der Innenraum ist zur Aufnahme einer Anzahl Korbstühle bestimmt. Bei dem Tourenboot Fig. 12, das mit seiner Motoranordnung und seinem Motorschutz, sowie der Einteilung im großen und ganzen den bisher gezeigten ganz offenen Fahrzeugen entspricht, ist besonders die Anordnung des Verdecks bemerkenswert. Es ist hier

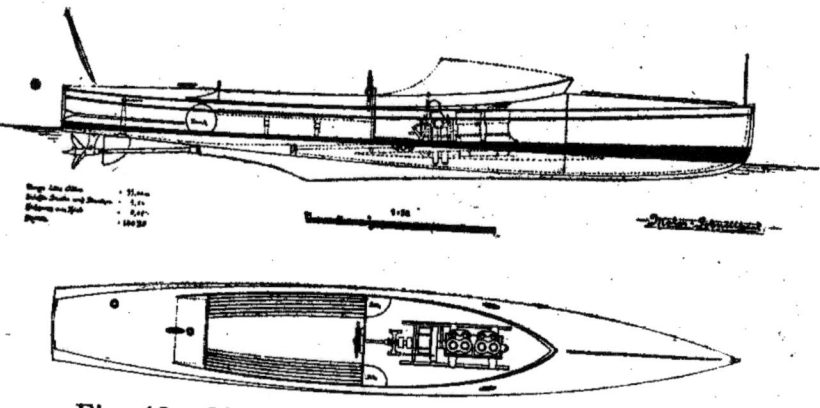

Fig. 13. Motorschnellboot. 11×1,64×0,60 m.
100 PS-Motor.
(Max Oertz, Hamburg.)

kein über das ganze Boot reichendes Klappverdeck vorgesehen, sondern der Motor und Steuermannssitz bleiben ungeschützt. Nur die hinteren Plätze können durch zwei von vorn und hinten hochzuklappende Spritzklappen geschlossen werden, eine Anordnung, die an der Wasserkante sehr beliebt ist und den Vorteil hat, daß der Führer des Bootes beim Fahren und Anlegen durch das Verdeck nicht behindert wird.

Das Boot Fig. 13 leitet mit seiner Form und Bauart schon zum Rennboot hinüber. Die Maschinenstärke ist im Verhältnis zum Bootskörper schon gewaltig und nach ihr richtet sich alles. Die Bequemlichkeit für die Fahrgäste ist auf das notwendigste beschränkt; trotzdem ist das Boot noch nicht als reines Rennboot anzusprechen, das eben nur dem Sport dient und daher — keine Bequemlichkeit und keine Fahrgäste mehr kennt, außer dem Steuermann und seinem Mechaniker.

Ein solches nur für reine Rennzwecke gebautes Fahrzeug zeigt Fig. 14.

Hier ist das ganze Boot nur noch Maschine, sind doch nicht weniger als vier Motoren von je 100 PS darin untergebracht, die zu je zweien hintereinander geschaltet sind und zwei Schrauben antreiben. Um Verluste bei der Kraftübertragung zu vermeiden, hat man auf jedes Getriebe verzichtet. Boote dieser Art können also auch nicht rückwärtsfahren oder durch Rückwärtslaufenlassen der Schraube bremsen. Es gehört also Erfahrung, Geschicklichkeit und sicherer Blick dazu, mit einem solchen leichtgebauten sehr schnellen Fahrzeug ab- und anzulegen. Beträgt doch die Schnelligkeit über 70 Kilometer bei voller Fahrt. Das Steuern solcher Fahrzeuge ist zweifellos hoher Sport, zu dem genaue Kenntnisse des Bootes und seiner Maschine, sowie der befahrenen Gewässer gehören. Das schnelle und geschickte Wenden mit derartigen Fahrzeugen im Rennen ist eine Kunst für sich, die gelernt sein will. Jedenfalls bieten die Rennboote nicht nur dem zuschauenden Publikum durch ihren prächtigen Anblick in Fahrt einen hohen Genuß, sondern auch der Besatzung, deren Dienst im harten Rennen keine geringen Anforderungen stellt.

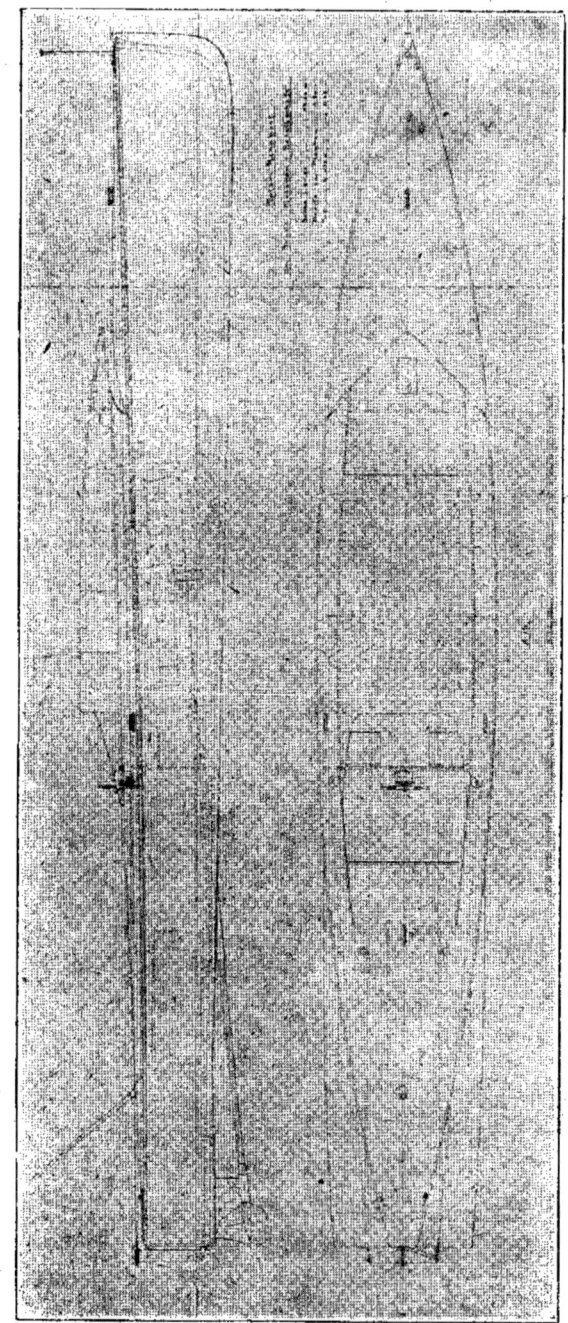

Fig. 14. Motorrennboot. 12×1,80×0,85 m.
(Argus-Motoren-Gesellschaft. Ing. M. H. Bauer, Friedrichshagen b. Berlin.)

Als besondere Bauart eines außergewöhnlich flachgehenden, offenen Bootes, wie es für sehr flache Gewässer verwendet wird, sei noch ein Boot mit Luftschraubenantrieb gezeigt.
Dieses Motorboot ist für den Dienst auf unregulierten Flüssen mit nicht zu starker Strömung, aber

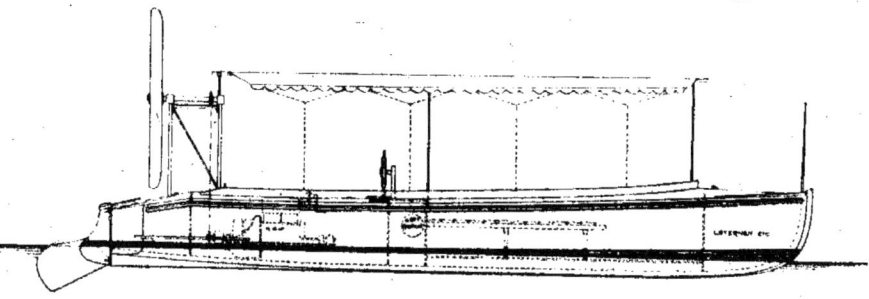

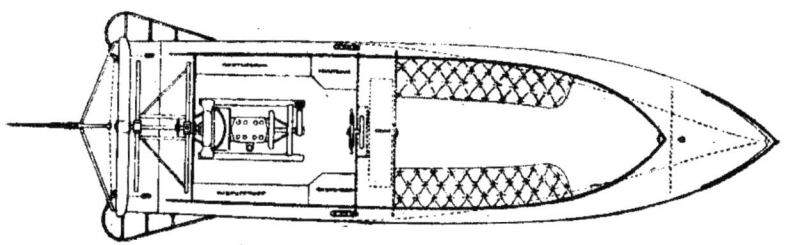

Fig. 15. Flachgehendes Motorboot mit Luftschraubenantrieb.
(Max Oertz, Hamburg.)

viel Kraut, Untiefen u. dgl. bestimmt, wie sie zum Beispiel in den Kolonien die Regel sind. Selbstverständlich werden Fahrzeuge dieser Art auch in heimischen ähnlichen Gewässern, auf flachen Seen, verkrauteten Fließen und ähnlichen Wasserwegen, die für Schraubenschiffe nicht passierbar sind, mit Vorteil zu verwenden sein. Das Boot ist breit gebaut, mit flachem Boden, um leicht über das Wasser gleiten zu können.

Als Betriebskraft dient ein sechzehnpferdiger Vierzylinderschiffsmotor mit Wendegetriebe. Der Antrieb der Schraubenwelle erfolgt durch eine Gallesche Kette, die über zwei Kettenräder läuft. Damit die Propellerenden beim Anlegen oder Wenden nicht durch Hinausragen über die Bootsbreite beschädigt werden können, sind am Heck des Bootes an beiden Seiten gut versteifte Schutzvorrichtungen angebracht. Das Steuerruder des Bootes ist, um dem Boot größere Steuerfähigkeit zu verleihen, mit einem Vergrößerungsblatt versehen, das nach oben angehoben werden kann, wenn das Boot in zu flaches Wasser kommt.

II.
Vorderkajütboote.

Das offene Boot hat trotz seines bequemen Platzes, seiner Schnelligkeit, Handlichkeit und vielen sonstigen guten Eigenschaften einen Fehler, der dem Wanderer auf dem Wasser früher oder später als großer Mangel zum Bewußtsein kommt. Es eignet sich mehr oder weniger nur als Boot für Tagestouren, Verkehrsboot oder dergleichen. Die Ansprüche wachsen mit der Zeit, man will unabhängiger vom Land werden, mehr Vorräte mitnehmen, Kleidungsstücke besser und reichlicher unterbringen können u. a. m. Schließlich möchte man auch die Möglichkeit haben, bei längeren Touren nicht ans Gasthaus gebunden zu sein und an Bord schlafen zu können. Das wird sich aber in den wenigsten Fällen auf dem offenen Boot einrichten lassen.

So entsteht von selbst der Wunsch nach einer Kajüte. Und nach dem bekannten Schillerschen Wort „Raum ist in der kleinsten Hütte usw." (was beileibe keine Anzüglichkeit auf unsere jungen Sportkameraden sein soll) kann man sich auch auf einem kleinen Boot mit einer sogenannten Hundehütte wohl fühlen, um so mehr, wenn der rauhe aber herzliche Schifferton durch einen steifen Grog gewürzt wird.

Schon bei geringen Abmessungen läßt sich ein ganz wohnliches Boot schaffen, das bei Tourenfahrten ebenso gemütlich sein kann, wie bei kleineren Tagesfahrten. Es ist ratsam, bei dem Aufbau einer Kajüte die Bootslänge nicht unter 9 m zu wählen. Es entstehen sonst Gebilde, die wohl auf dem Riß ganz harmonisch aussehen können, bei denen aber dann das Dichterwort zur Wahrheit wird: „ . . . doch hart im Raume stoßen sich die Sachen". Die „Sachen" bestehen meistens aus Schienbeinen und Schädeldecken, die durch ihre unangebrachte Steifigkeit im Wege sind. Ich habe daher — durch Erfahrung gewitzigt — darauf verzichtet, Propaganda für Vorderkajütboote von 6—8 m Länge „mit allem Komfort der Neuzeit" zu machen. Wer sich trotzdem eins bauen lassen will, dem bleibt es ja unbenommen.

Das Boot Fig. 16 zeigt in seinen Abmessungen von $9 \times 2 \times 0{,}60$ m die üblichen Maße, bei denen sich guter Lauf mit bedingter Seefähigkeit das Gleichgewicht halten. Das Boot ist für Verkehrsfahrten auf der Unterelbe gebaut, nicht für längere Touren. Daher ist auch u. a. auf die Toilette verzichtet. Durch die Unterbringung des Motors in einem an die Kajüte anschließenden Motorraum ist der Kajütsaufbau ziemlich weit nach hinten gezogen und die ganze Form des Bootes wirkt gedrungen. Der Vorzug ist eine große Seefähigkeit des Bootes, das als Verkehrsboot vom Wetter so unabhängig wie möglich sein muß. Die Kajüte ist mit Fenstern, Bulleyes und Oberlicht versehen. Auf ihr befindet sich ein Klappmast für ein Stützsegel.

Für Reisen auf Binnengewässern wird ein Boot mit größerem Cockpit den meisten angenehmer sein, etwa in der Art wie Fig. 17. Ein Fahrzeug dieser Art mit einem kleinen leichten Vierzylinder- oder einem Zweizylinderschiffsmotor bietet viel Platz und Bequem-

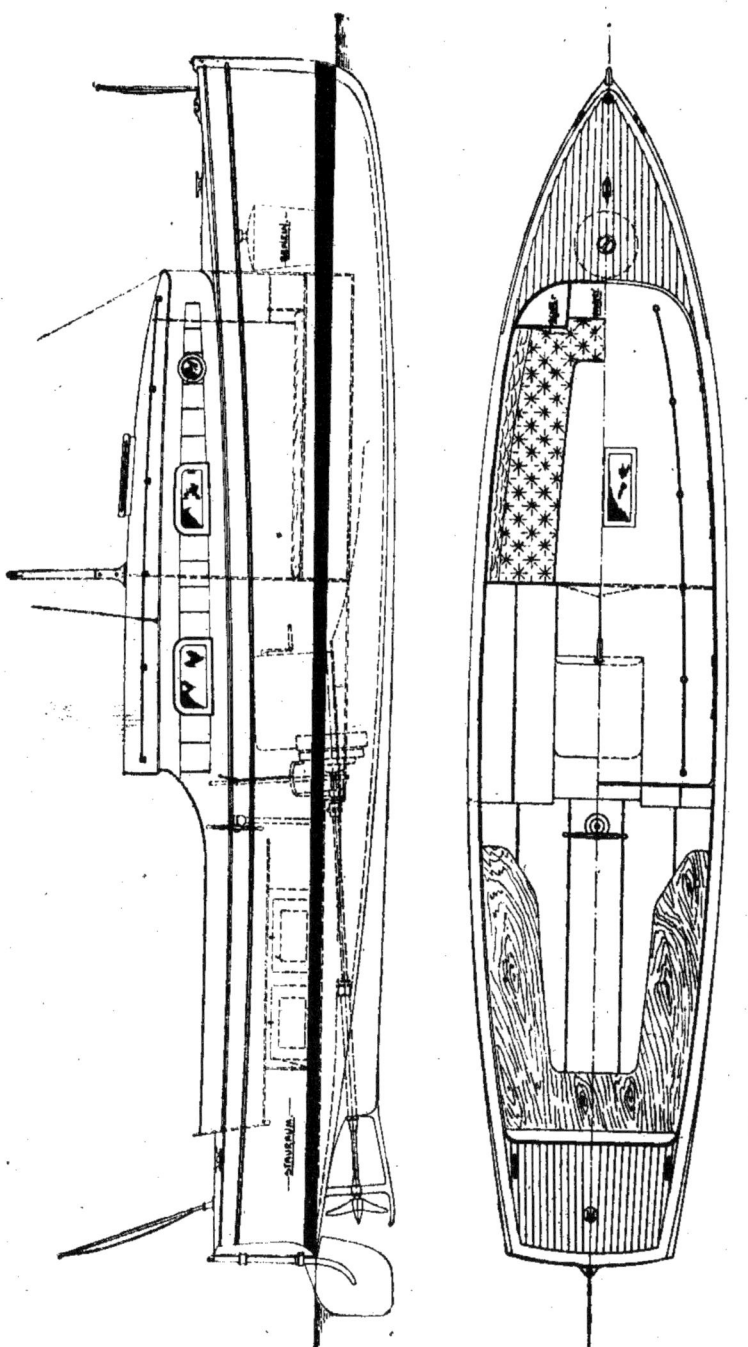

Fig 16. Vorderkajütboot für die Unterelbe. 9×2×0,60 m.
(Naglo-Werft, Weinmeisterhorn b. Spandau.)

lichkeit. Im Vorschiff ist Platz für die Ankerkette und Inventar, danach ist das Klosett mit Waschtisch in einem Raume abgeschottet. Die Kajütbänke haben 1,90 m Länge, also bequeme Schlaflänge, und können nach der Mitte zu durch aufklappbare Längsbretter verbreitert werden, so daß ein bequemes Lager entsteht. Steuerstand und Getriebehebel befinden sich

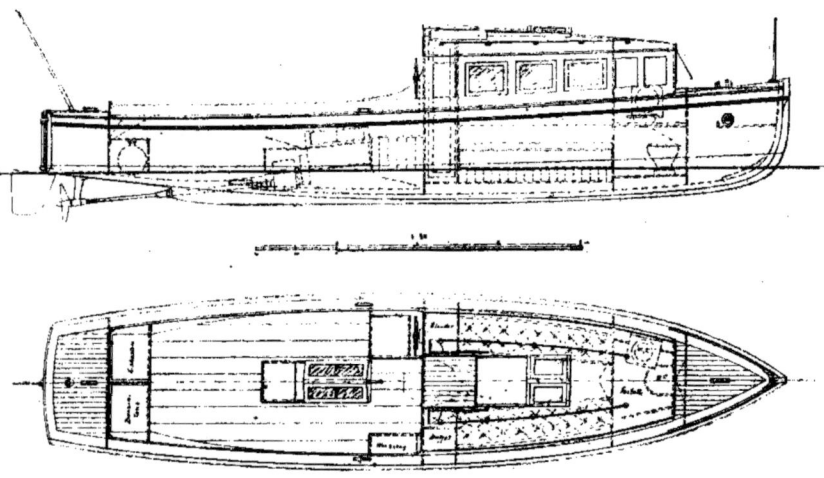

Fig. 17 Vorderkajütboot. 9,20×2×0,63 m.
(Entwurf M. H. Bauer, Friedrichshagen b. Berlin.)

links an der Kajütwand. Motor und Wendegetriebe stehen unter dem Motorkasten, der hinter der Kajüte im Cockpit steht. Der Brennstoffbehälter befindet sich hier in friedlicher Nachbarschaft neben dem sehr nützlichen Eiskasten unter der hinteren Querducht. Falls ängstliche Gemüter nicht „Benzin" unter sich wissen wollen, kann man ihnen in dem geräumigen Cockpit noch zwei Korbsessel hinstellen. In der Kajüte sind noch ein Kleiderschrank und ein Geschirrschränkchen mit darüber befindlichem Büfett, auf dem man kochen kann, eingebaut. Alles in allem ist der Platz sehr geschickt ausgenutzt, ohne daß die einzelnen Maße zu klein werden. Ein Boot dieser Art hat mir — als Lotte-Dixi II — fünf Jahre hindurch viele Freude gemacht.

Bei dem Boot in Fig. 18, das auf ausdrücklichen Wunsch des Bestellers so entworfen wurde, wie es die

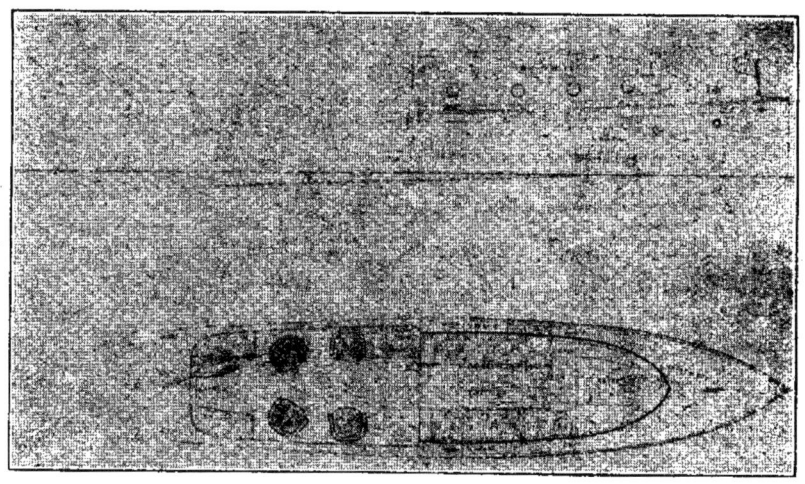

Fig. 18. Vorderkajütboot zu Binnenfahrten. 9,50×2×0,65 m.
(Klause & Müller, Berlin-Stralau.)

Zeichnung zeigt, ist gleichfalls ein sehr bequemes durch keinen Motor- oder Getriebekasten gestörtes Cockpit erreicht. Und dies dadurch, daß der Motor vorn in der Kajüte, vor dem „Salon" untergebracht wurde. Dieser Wunsch des Eigners, dem Rechnung getragen werden mußte, hat seine Vorteile, aber auch seine Nachteile. Es ist gewiß sehr angenehm, wenn man vom Motor nichts sieht und hört als ein leise surrendes Auspuffgeräusch, durch gute Schalldämpfer auf ein Minimum verringert, andererseits aber läuft der Motor da vorne ohne jede Aufsicht, kann nur umständlich während des Betriebes kontrolliert werden, da man stets durch die Kajüte muß. Letzteres hat noch den weiteren Nachteil, daß beim Arbeiten am Motor und Durchlaufen durch die Kajüte die Polster, Türen usw. in den seltensten Fällen sauber bleiben

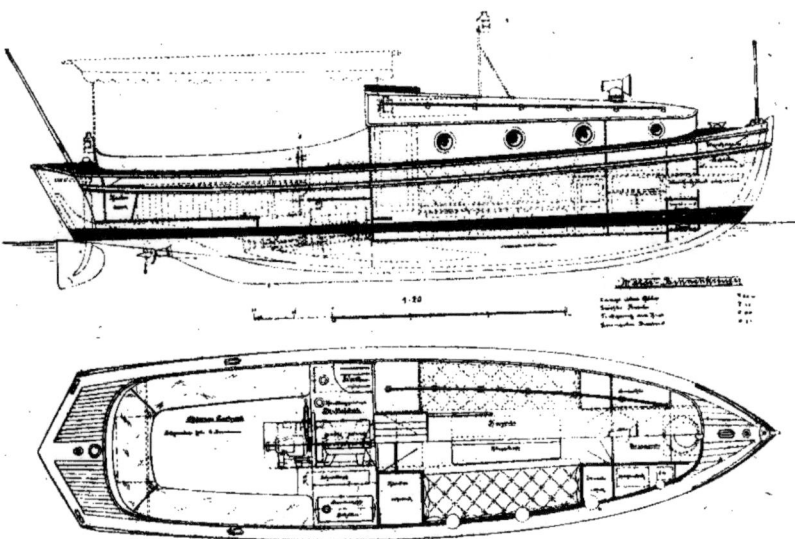

Fig. 19. Kleiner Motorkreuzer mit Vorderkajüte.
9,50×2,40×0,60 m.
(Daimler-Motoren-Ges., Entwurf F. W. v. Viebahn.)

werden, wenn nicht gar einmal das ölige Werkzeug schnell auf die Polster „aus der Hand gelegt" wird. Baut man einen Motor in einen geschlossenen Kajütsraum ein, so muß dieser Raum außerdem so groß bemessen sein, daß man bequem an der Maschine arbeiten kann. Ist das nicht möglich, so ist die natürliche Folge, daß durch die größere Unbequemlichkeit die sorgfältige Pflege der Maschine und die Sauberhaltung auch des Maschinenraumes und der Bilge leidet.

Bei Booten dieser Länge ist daher die Unterbringung des Motors im Motorkasten hinter der Kajüte immer vorzuziehen, ganz abgesehen davon, daß bei der engen Verbindung von Motorraum und Kajüte

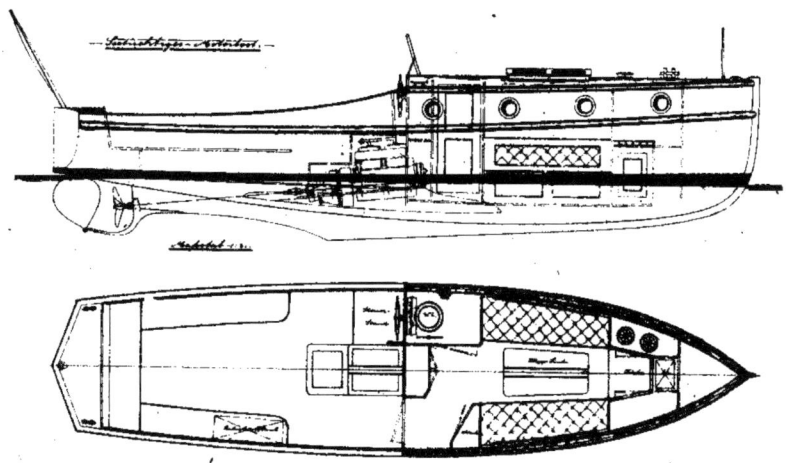

Fig. 20. Seetüchtiges Vorderkajütboot. 10×2,4×0,84 m.
Niedrigster Freibord 0,88 m.
(H. Heidtmann, Hamburg.)

letztere immer nach den Ausdünstungen der Maschine riecht.

Der „Motorbinnenkreuzer", Fig. 19, veranschaulicht ein kleines, mit verhältnismäßig bescheidenen Mitteln zu beschaffendes Fahrzeug zum Befahren von Binnen- und Küstengewässern auf längeren Kreuzfahrten. Die Form zeigt ein gedrungenes, geräumiges, durch hohen Freibord und durch die fest eingedeckte Vorderkajüte ziemlich seetüchtiges Fahrzeug. Der hintere offene Sitzraum bietet reichlich Platz für eine größere Gesellschaft, und es wurde Wert darauf gelegt, daß der Eigner selbst sich von seinen Gästen nicht zu entfernen braucht, wenn er das Boot fährt.

Der Motor ist unter einem Plattformdeck mittschiffs versenkt aufgestellt.

Der Propeller arbeitet unter dem Tunnelheck, ist also gegen Beschädigungen durch Grundberührung oder treibende Holzstücke besonders geschützt.

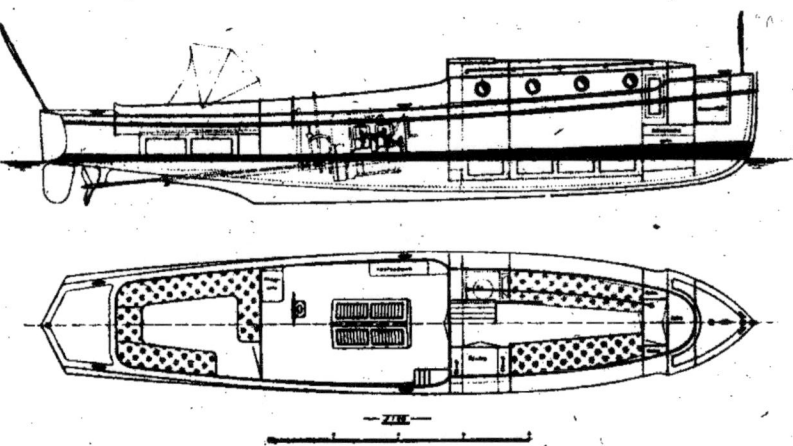

Fig. 21. Tourenkreuzer. 11,0×2,10×0,72. Seitenhöhe 1,20 m.
(Abeking & Rasmussen, Lemwerder a. W.)

Die Fahrtgeschwindigkeit des Bootes wird bei einer Maschinenleistung von 10—12 PS rund 16 km in der Stunde betragen.

Die geräumige Kajüte zeigt die übliche Anordnung. Im Vorschiff ist Raum für die Anrichte u. a. fest abgeteilt.

Auch bei dem Fahrzeug in Fig. 20 ist der Motor hinter dem Kajütenaufbau neben dem Steuerstand untergebracht. Der Motor ist so dicht an die Kajütwand herangesetzt, daß das Anwerfen des Motors von innen geschehen kann. Dadurch gewinnt man Platz im Cockpit, ohne daß an Kajütraum gespart werden müßte. Toilette mit Wasserklosetts und Waschtisch, Kleiderschrank, zwei Schlafbänke mit Klapptisch, Kochgelegenheit, Anrichte mit Schränken vervollständigen die Kajüteinrichtung. Durch die bis zum Steuerstand durchgezogene Back wirkt das Schiff niedrig und schlank; die Kajüte hat infolge dieser Bauart keine Stehhöhe. Der Steuermann bekommt jedoch dadurch einen bequemen Ausblick.

Etwas Ähnliches finden wir bei dem Boot in Fig. 21, nur ist es hier infolge des um 1 m längeren Körpers möglich gewesen, den Motorraum im Cockpit ganz für sich zu halten. Die Kajüte hat auch hier trotz der Länge des Bootes keine Stehhöhe, damit ein bequemer Ausblick für den Steuermann möglich bleibt, der seinen Platz hinter dem mittschiffs im Cockpit aufgestellten Motor hat.

Auf dem Boot in Fig. 22 ist der Motor **hinter** der Kajüte in einem besonderen Motorraum untergebracht, der jedoch durch einen kurzen Schornstein entlüftet wird. Der erhöhte Steuerstand befindet sich an der linken Seite der Kajütwand. Die Kajüte selbst hat Stehhöhe und ist mit allen Bequemlichkeiten versehen wie Schränken, Büfett, Anrichte, Klapptisch usw. Das Cockpit ist selbstlenzend, so daß auch Küstengewässer mit dem Boot befahren werden können.

Das in Fig. 23 dargestellte Fahrzeug leitet in seiner Form und Einteilung schon zu den Jachten über, die in Abschnitt IV behandelt sind. Ausgehend von der üblichen Einteilung der Vorderkajütboote ist doch hier durch die Benutzung eines sehr hohen Frei-

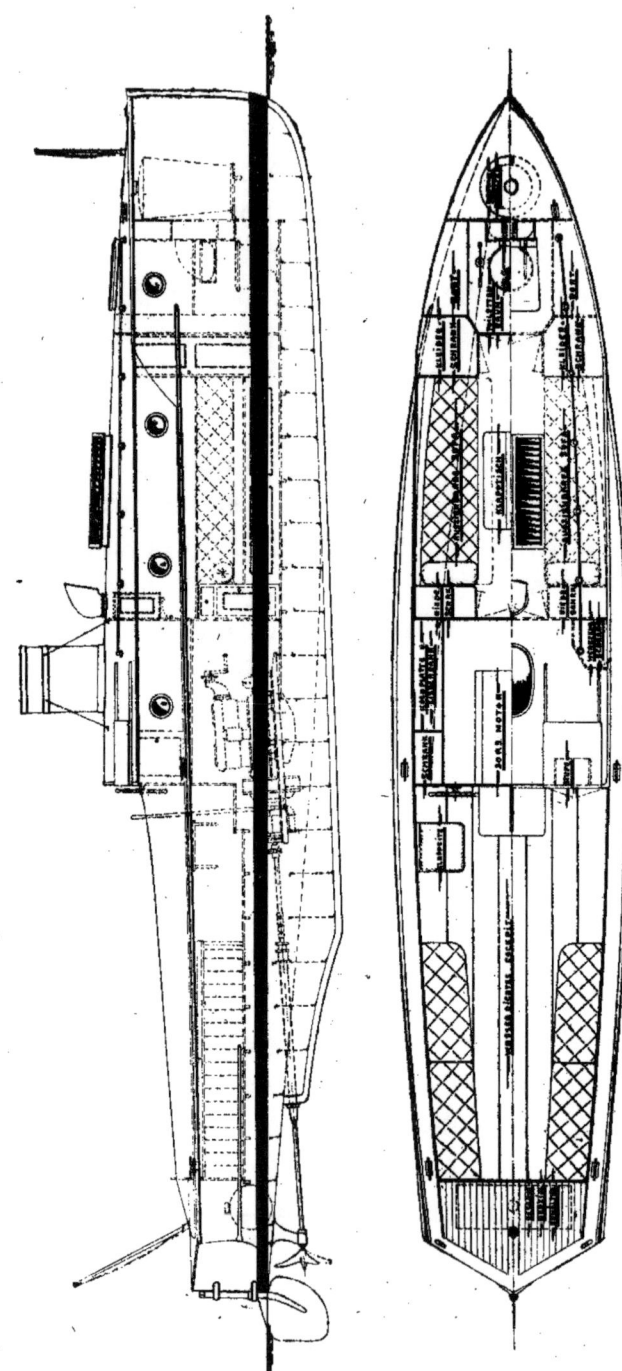

Fig. 22. Vorderkajütboot für Binnen und See. 11,22 × 2,22 × 0,70 m.
(Naglo-Werft, Weinmeisterhorn b. Spandau.)

bords eine ganz andere und umfangreiche Platzausnutzung geschaffen worden. Die eigentliche Kajüte, der „Salon", liegt vorn so weit unter Deck, daß eine bequeme Stehhöhe geschaffen ist. Vor der Kajüte liegt die Pantry, davor die Kettenlast. Im Motorraum lassen sich auf beiden Seiten noch Schlafplätze aufschlagen.

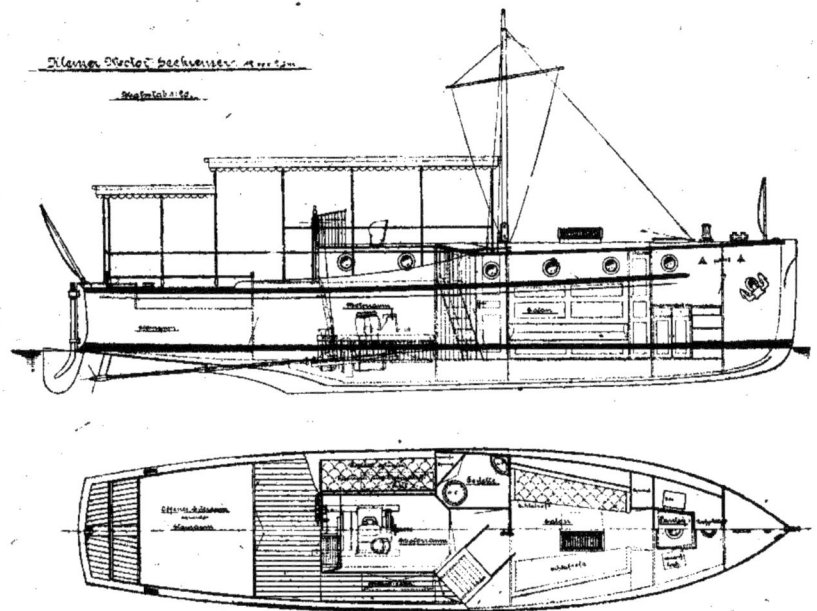

Fig. 23. Kleiner Motor-Seekreuzer. 12×2,60 m.
(Havelwerft, vorm. Hoffmann & Co., Potsdam.

Zwischen Motorraum und Kajüte befindet sich links die Toilette und rechts der Niedergang. Der Steuerstand befindet sich über dem Motor, vor dem etwas tiefer liegenden, selbstlenzenden Cockpit. Als Antrieb ist bei diesem Boot aus Sparsamkeitsrücksichten nur ein Zweizylindermotor vorgesehen, der durch seine kürzere Baulänge außerdem mehr Platz für anderweitige Verwendung übrig läßt wie ein Vierzylindermotor.

Das Fahrzeug besitzt einen Mast und Takelage für ein Stützsegel.

Der dem Entwurf des kleinen Seekreuzers zugrunde liegende Gedanke war die Schaffung eines wetterfesten, derben Bootes ähnlich den kleinen Lotsen-

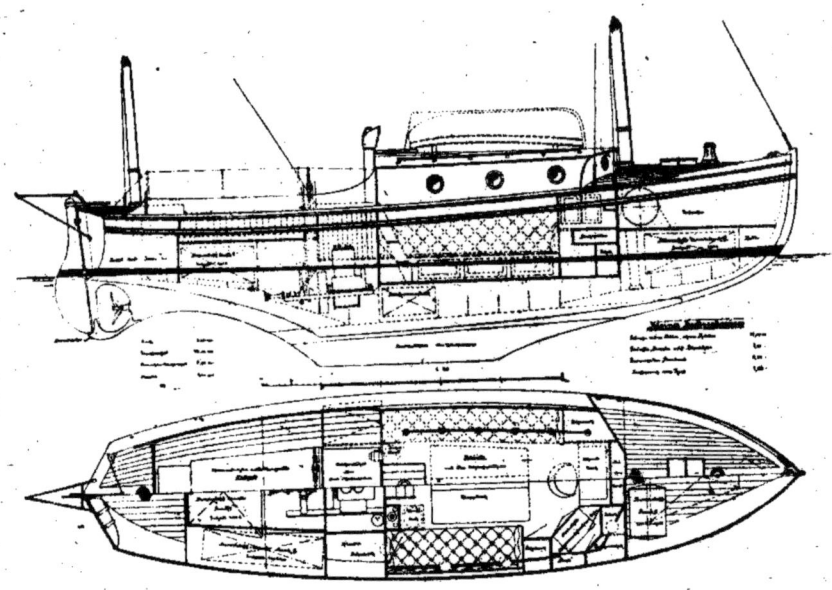

Fig. 24. Kleiner Seekreuzer. 12×3×1,55; niedrigster Freibord 0,90 m.
(Daimler Motoren-Gesellschaft, Entwurf F. W. v. Viebahn.)

kuttern, welche tagelang auch bei schlechtem Wetter die See halten müssen. Das Boot ist deshalb fest eingedeckt, und hat eine wasserdichte, selbstlenzende Plicht, welche hinter dem Kajütsaufbau gegen Seeschlag ziemlich geschützt liegt. Unter dem Mitteldeck ist ein 15 PS schwerer langsamlaufender Daimler-Zweizylinderbootsmotor fest eingebaut, welcher vom Steuerstand aus umgesteuert werden kann.

Die Inneneinrichtung zeigt möglichst weitgehende Raumausnutzung und Bequemlichkeiten, wie sie auf Fahrzeugen dieser Größe nicht häufig zu finden sind.

Die Besegelung des Fahrzeuges ist die einer Yawl, so daß auch mit wenig Händen ohne Gefahr längere Kreuzfahrten unternommen werden können.

III.
Boote mit Mittelkajüte.

Ein ausgesprochenes Fahrzeug für Binnengewässer ist das Motorboot mit Mittelkajüte, wie es die folgenden Abbildungen zeigen. Es ist gewissermaßen die älteste Kajütbootform, hervorgegangen anscheinend

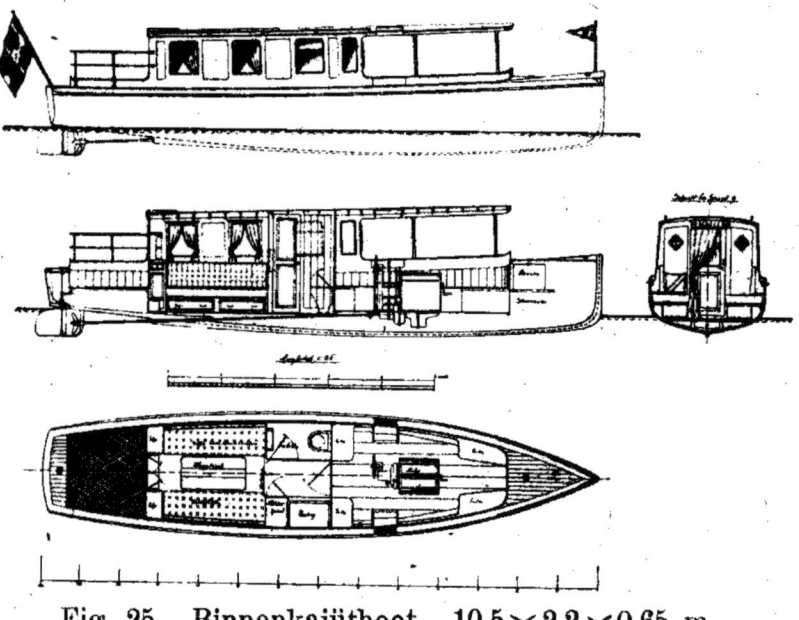

Fig. 25.   Binnenkajütboot.   10,5 × 2,2 × 0,65 m.
(Elka-Werft, Werder a. W.)

aus dem offenen Boot mit festem Sonnendach, das sich allmählich zu einer Kajüte kristallisierte. Man nannte diese Boote auch früher wohl den „Engelbrechttyp" nach der Werft von Klaus Engelbrecht, der als erster mit großem Erfolg diese Boote für die märkischen Gewässer baute.

Kennzeichnend für die Raumeinteilung dieser Fahrzeuge ist die Anordnung eines offenen Cockpits vorn und hinten. Dazwischen ist die Kajüte — mit mehr oder weniger großen Bequemlichkeiten — angeordnet. Der Motor steht vor der Kajüte im offenen Vorschiff, durch einen Motorkasten geschützt. Vorn und hinten sind diese Boote meist kurz eingedeckt, wobei unter anderem in der Regel der Brennstoffbehälter untergebracht ist.

Diese Art Boote waren früher sehr beliebt, scheinen aber jetzt den anderen, sportlicher anmutenden Typen weichen zu wollen.

Die allgemeine Einrichtung ist schon aus Fig. 25 gut ersichtlich. Im Motorraum befinden sich rechts und links vom Motor Einsteigetreppen, sowie vorne und hinten fest eingebaute Sitzplätze. Vom Motorraum gelangt man durch eine Tür in die Kajüte, und zwar hat man zunächst an Backbord die Toilette mit Wasserklosetts und Klappwaschtisch, an Steuerbord die Kochplatte mit Eis- und Geschirrschrank, daneben einen Kleiderschrank. Durch eine weitere Tür betritt man dann den Salon, der zwei Polsterbänke, die auch als Schlafplätze dienen, und an beiden Seiten Schränkchen und Büfett enthält. Von hier gelangt man über eine kleine Treppe auf das Achterdeck, das mit einem Geländer umgeben ist und einige Korbsessel aufnehmen kann.

Die für Binnenfahrten große Bequemlichkeit, welche diese Boote bieten, macht sie besonders zu Bereisungszwecken für die Wasserbauverwaltungen geeignet. Da hierfür nur selten mehr als Tagesfahrten in Frage kommen, ist die Unterbringung des Boots-

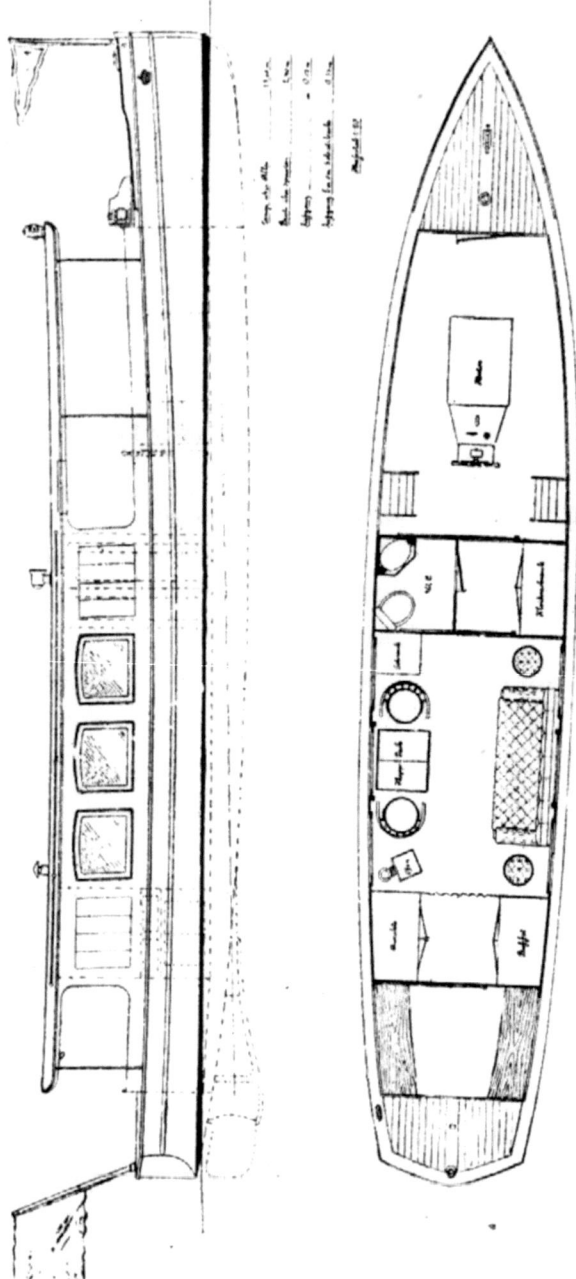

Fig. 26. Bereisungsboot. $13 \times 2{,}40 \times 0{,}45$ m. (Anker-Werft, Berlin-Rummelsburg.)

Fig. 27. Bereisungs-Motorjacht für Wasserbauinspektionen.
(Anker-Werft, Berlin-Rummelsburg.)

mannes zur Nacht nur von untergeordneter Bedeutung. Daher ist nur selten ein Mannschaftslogis vorgesehen, das in solchem Falle bei größeren Booten vorn unter der Back angeordnet wird.

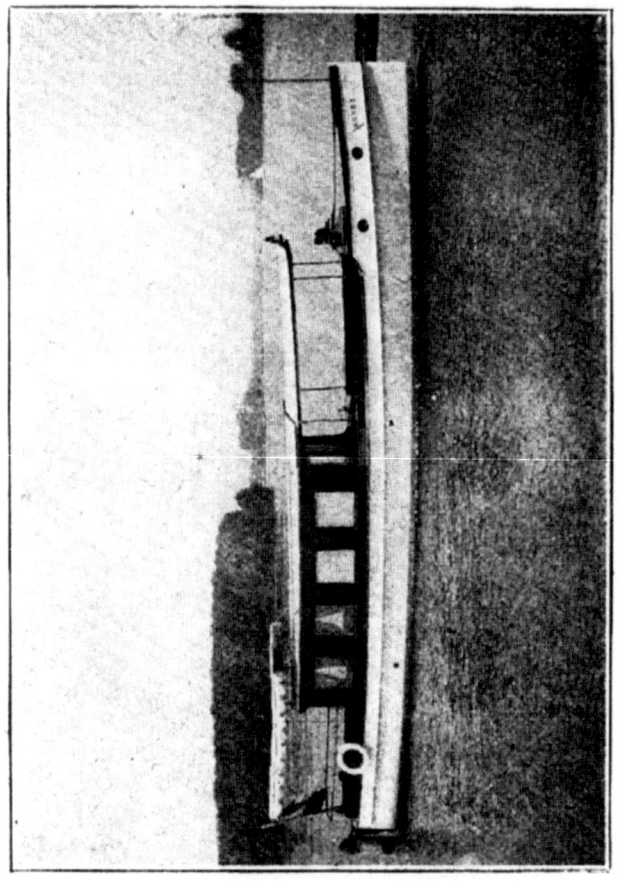

Fig. 28. Bereisungsboot für Binnengewässer. (Anker-Werft, Berlin-Rummelsburg.)

Das Bereisungsboot in Fig. 26 besitzt auch für Fahrten in der kälteren Jahreszeit einen Ofen, der am hinteren Ende der Kajüte an Backbord aufgestellt ist. Die Einrichtung dieses Fahrzeuges von 13 m Länge ist den Abmessungen entsprechend eine sehr angenehme, mit Sofa, Klubsesseln, reichlichem großem Schrank, Büfett und Anrichte, so daß das Angenehme mit dem Nützlichen sehr wohnlich gepaart ist. Fig. 27 und 28 zeigen solche Boote in Ansicht.

Ein großes Binnenfahrzeug für Privatzwecke ist in Fig. 29 dargestellt. Hier ist die Einrichtung in der Kajüte so getroffen, daß der Klapptisch an Backbordseite weggenommen werden kann. Statt dessen

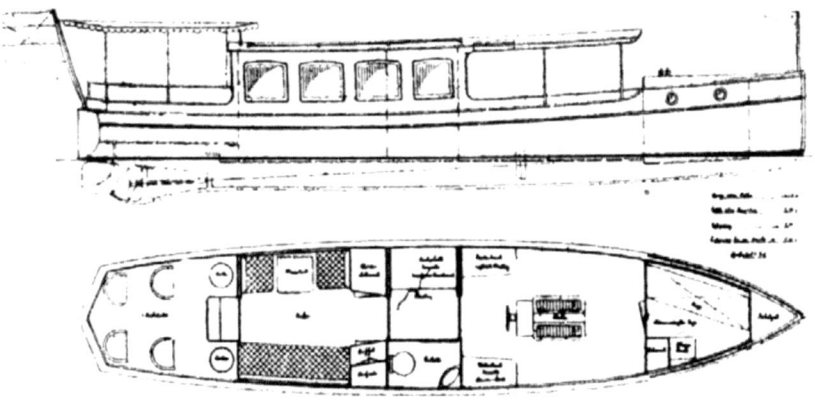

Fig. 28a. Bereisungsboot mit Bootsmannskoje im Vorschiff.

wird, um einen zweiten Schlafplatz zu schaffen, aus der Backbordwand ein gepolstertes Zwischenstück herausgeklappt, das mit den beiden Polstersesseln zusammen ein zweites Schlafsofa bildet. Auch hier ist das hintere Cockpit hochgelegt, so daß man über den Kajütaufbau hinwegsehen kann und freien Ausblick genießt. Reichliche Schränke, Stauräume, große Toilette usw. vervollständigen die Wohnlichkeit.

Wir können uns an diesen Beispielen genügen lassen, da die Einrichtungen dieser Fahrzeuge nur

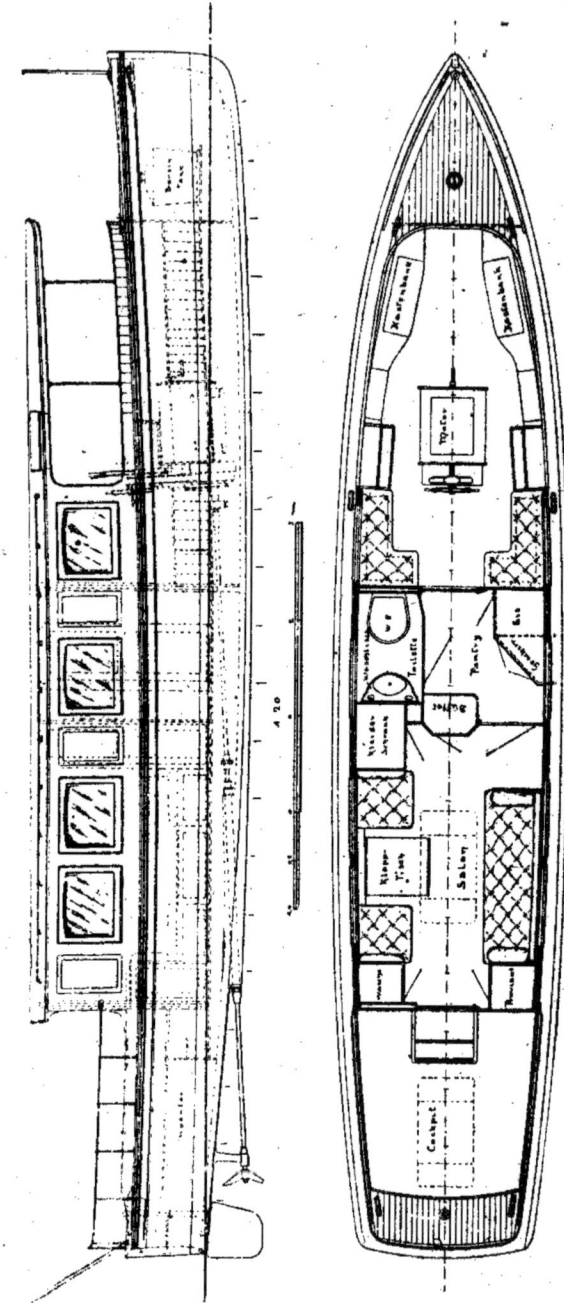

Fig. 29. Motorjacht für Binnengewässer. 12,5 × 2,4 × 0,7 m. (Klause & Müller, Berlin-Stralau.)

unwesentliche Abweichungen zeigen und auch durch die ganze Anordnung des Fahrzeuges keine bedeutenden Änderungen zulassen. Eine größere Mannigfaltigkeit der Ausführungsformen zeigten schon die Vorderkajütboote.

So bequem die Binnenkajütboote als Familienboote sind, so wenig können sie den sportliebenden Mann befriedigen, der sein Fahrzeug selbst führen und betreuen will. Der Selbstfahrer wird es immer als nicht angenehm empfinden, von seinen Gästen getrennt zu sein, wenn er am Steuer steht, und fühlt sich nur zu leicht als der Bootsmann seiner Belegschaft. So ergibt sich von selbst die Notwendigkeit, einen Bootsmann zu nehmen, der das Fahrzeug bedient. Demgegenüber bietet das Vorderkajütboot in dieser Hinsicht weit mehr Gemütlichkeit durch den räumlichen Zusammenschluß zwischen dem Selbstfahrer und seinen Gästen. Natürlich gilt dies nur von kleineren Fahrzeugen, die entweder vom Eigner allein oder mit Hilfe eines befreundeten Mitfahrers regiert werden können.

Fragen dieser Art fallen natürlich bei größeren Fahrzeugen, wie sie im folgenden Abschnitt besprochen werden, völlig weg, da diese wegen ihrer Größe in der Regel nur mit Mannschaften gefahren werden können.

IV.
Seefähige Motorjachten.

Der Umstand, daß eine Motorjacht seefähig ist, bietet natürlich kein Hindernis, unsere großen Binnengewässer ebenfalls damit zu befahren. Die Grenzen des Fahrtbereichs sind hier lediglich durch den Tiefgang des Fahrzeuges gesteckt, der für manche Binnengewässer von intimerem Reiz zu groß sein wird. Durch den seefähigen Bau der Jacht wird aber dem Eigner die Schönheit der Reise an der Küste und auf See erschlossen, deren hohe Genüsse die Sehnsucht jedes Wassersportmannes sind.

Die seefähige Motorjacht muß in erster Linie so gebaut sein, daß sie dem Eigner genügende Bequemlichkeit bietet und dabei solche Seefähigkeit besitzt, daß nicht schon bei wenig bewegtem Wasser das Fahren eine Strapaze wird. Aus diesen Forderungen ergibt sich eine solide Form des Fahrzeuges und eine mäßig starke Maschine mit genügender Kraftreserve, um gegen Wind und Seegang angehen zu können. Man kann schon bei 10—12 m brauchbare Fahrzeuge erhalten, nur muß man sich hüten, von einem Seefahrzeug zwecklose Schnelligkeiten zu verlangen. Acht bis zehn Seemeilen auf See ist eine sehr achtbare Fahrtgeschwindigkeit bei ruhigem Wetter. Bei Seegang und Gegenwind ist es überhaupt unmöglich, die volle Geschwindigkeit so kleiner Fahrzeuge auszunutzen. Sie ist in bewegtem Wasser ohnehin nicht lange zu halten und je kleiner das Fahrzeug, desto schwieriger gestaltet sich die Erhaltung der Höchstgeschwindigkeit, sobald Seegang vorhanden ist. Zum Fahren auf See gehört mehr, als die Drosselklappe aufzureißen und draufloszustürmen, was haste was kannste, wie man das — leider — so oft von Schnellbooten um Groß-Berlin herum beobachten kann.

Um den Booten beim Fahren im Seegang mehr Stetigkeit zu geben, wird bei seefähigen Fahrzeugen durchweg eine in mäßigen Grenzen gehaltene Besegelung beigegeben, die vom Stützsegel bis zur vollständigen Schonertakelage wechselt. Sie gewährt dem Boot eine festere Lage und erhöht seine Steuerfähigkeit. Im Notfalle bei Versagen der Maschine oder kleinen Reparaturen bewahrt sie die Bewegungsfreiheit des Fahrzeuges und verhindert das Treiben. Man darf daher auf eine angemessene Besegelung je nach Größe der Jacht niemals verzichten.

Die Maschine der Jacht soll so bemessen sein, daß die Kraft nicht nur gerade ausreicht, um das Schiff zu treiben, sondern sie soll so reichlich bemessen sein, daß der Motor bei normaler Fahrt nur etwa dreiviertel beansprucht wird und eine genügende Kraftreserve für besondere Fälle verfügbar ist. Ein kleines Motörchen in einem großen Schiff läuft sich bald tot.

Andererseits muß vermieden werden, unnötig starke Maschinen mit ungezählten Pferdestärken einzubauen, wo ein erheblich schwächerer Motor vollauf genügen würde. Das würde nur eine Steigerung der Unkosten durch unnötige Verteuerung der Reise und eine Verringerung der Bequemlichkeit durch Verschwendung des Raumes für unnötig große Brennstoff-

behälter bedeuten, die schließlich noch den besten
Platz im Schiff wegnehmen. Eine dreißigpferdige Ma-

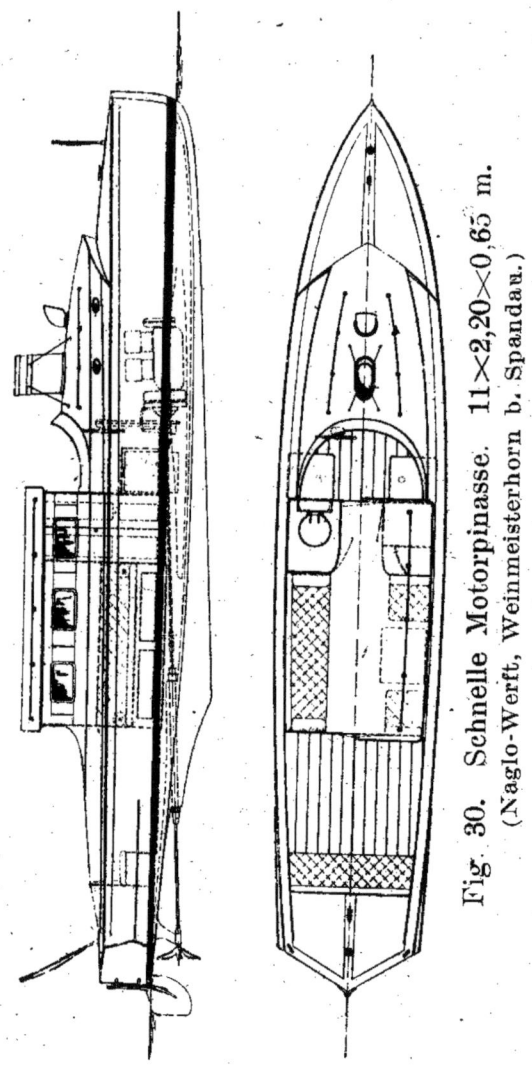

Fig. 30. Schnelle Motorpinasse. 11×2,20×0,65 m.
(Naglo-Werft, Weinmeisterhorn b. Spandau.)

schine, die bei 750—800 Umdrehungen pro Minute
diese Leistung auch wirklich auf die Dauer hergibt,
genügt z. B. vollkommen für ein Boot von 13—14 m
Länge.

Ich meine hierbei aber Schiffsmaschinen bewährter Marken, keine ausgeschlachteten Lastwagenmotoren oder gar Flugmotoren mit herabgesetzter Tourenzahl, die aus Heeresbeständen geramscht und zu Bootsmotoren umfrisiert sind. Diese Maschinen sind höchstens verwendbar für Fahrzeuge, auf denen man dauernd das Ufer in Rufweite behält, und werden ihren bedauernswerten Besitzern nicht lange Freude machen, jedenfalls aber lange nicht die Freude, die eine sorgfältig für Bootszwecke konstruierte und gebaute Maschine durch ihren zuverlässigen Gang gewährt.

Wenn ein Boot seefähig sein soll, so muß es so weit wie irgend möglich gedeckt sein, um nicht von überkommendem Wasser vollgeschlagen zu werden. Bei den nichteingedeckten Stellen, wie z. B. dem Steuerstand und dem Cockpit wird der Fußboden erheblich über die Schwimmlinie gelegt und wasserdicht gebaut. Überkommendes Wasser, das sich hier sammelt, kann durch Löcher im Fußboden und Kanäle (Rohre), die nach außenbords führen, wieder abfließen. Man nennt diese Bauart „selbstlenzend".

Eine seegehende Jacht darf auch weder der See noch dem Winde so große Angriffsflächen bieten, wie dies bei unseren Binnenfahrzeugen der Fall ist, die z. B. im vorigen Abschnitt besprochen wurden; wir finden daher auf keinem Seeboot solche Fensterflächen, sondern statt dessen kleine Öffnungen mit sehr dicken Scheiben, oder überhaupt nur sogenannte „Bull-eyes".

Die Beispiele aus dieser Art von Motorfahrzeugen sind mit Absicht besonders reichlich gewählt, weil die weitgehendere Verwendungsmöglichkeit dieser Jachten·

einerseits und die bereits sehr große Verbreitung der kleineren Typen dieser seefähigen Fahrzeuge andererseits dies rechtfertigt. Zweifellos wird sich der Kreis der Liebhaber seefähiger Jachten ständig erweitern, wird doch diese Entwicklung ganz naturgemäß durch die Lage unserer Binnengewässer zu den Küsten besonders begünstigt.

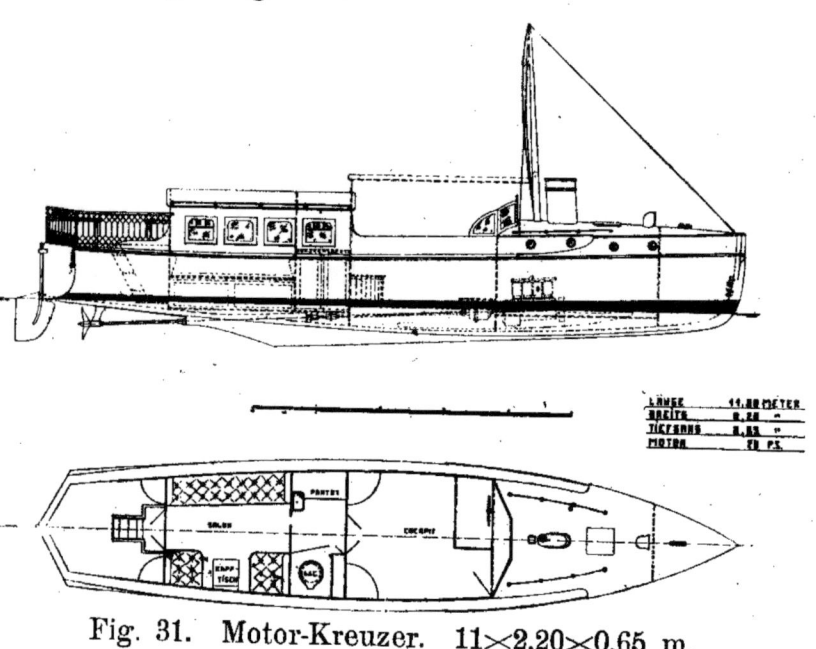

Fig. 31. Motor-Kreuzer. 11×2,20×0,65 m.
(Elka-Werft, Werder a. H.)

Die schnelle Motorpinasse in Fig. 30 ist nur für kürzere Fahrten, etwa als schnelles Verkehrsboot gebaut. Die Kajüte ist nach hinten offen und auch der Motorraum ist nicht abgeschottet. Das Fahrzeug wäre daher auch nur in beschränktem Maße für kleinere Ausflüge an der Küste zu benutzen. An Bequemlichkeiten ist, da das Boot keine Schlafgelegenheiten enthält, nur ein Wasserklosett und eine Pantry vorhan-

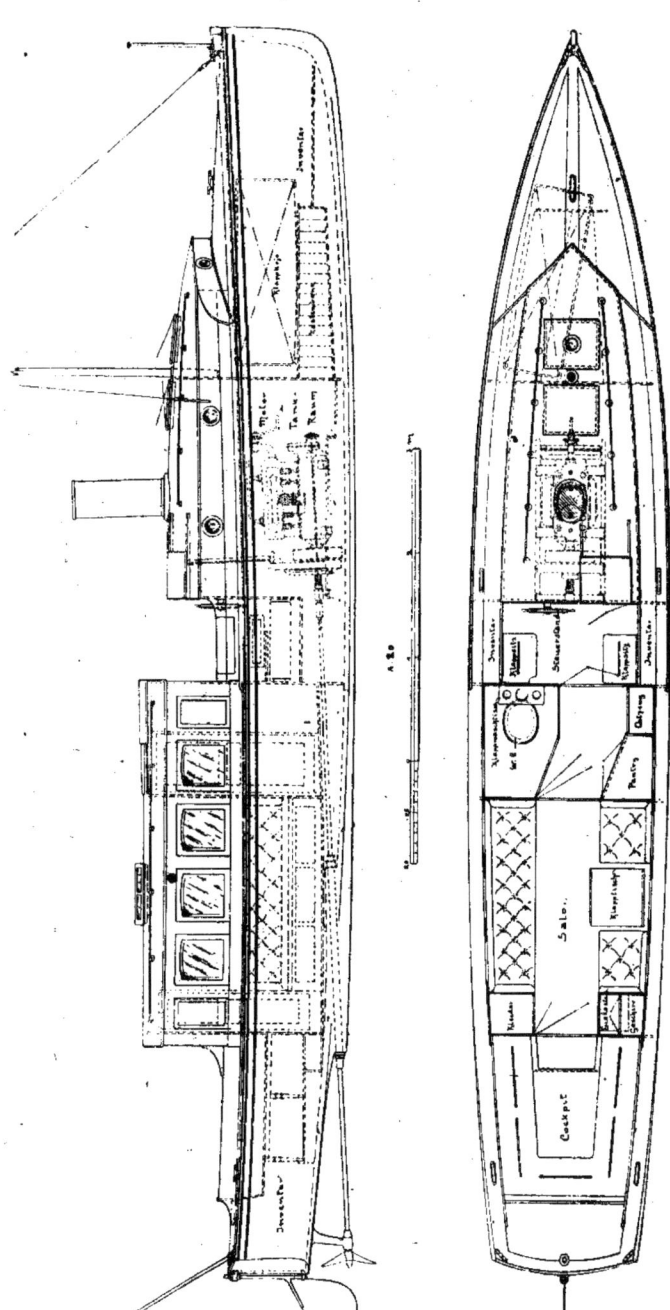

Fig. 32. Schneller Motorkreuzer. 12×2×0,70 m.
(Ing. M. H. Bauer, Friedrichshagen b. Berlin.)

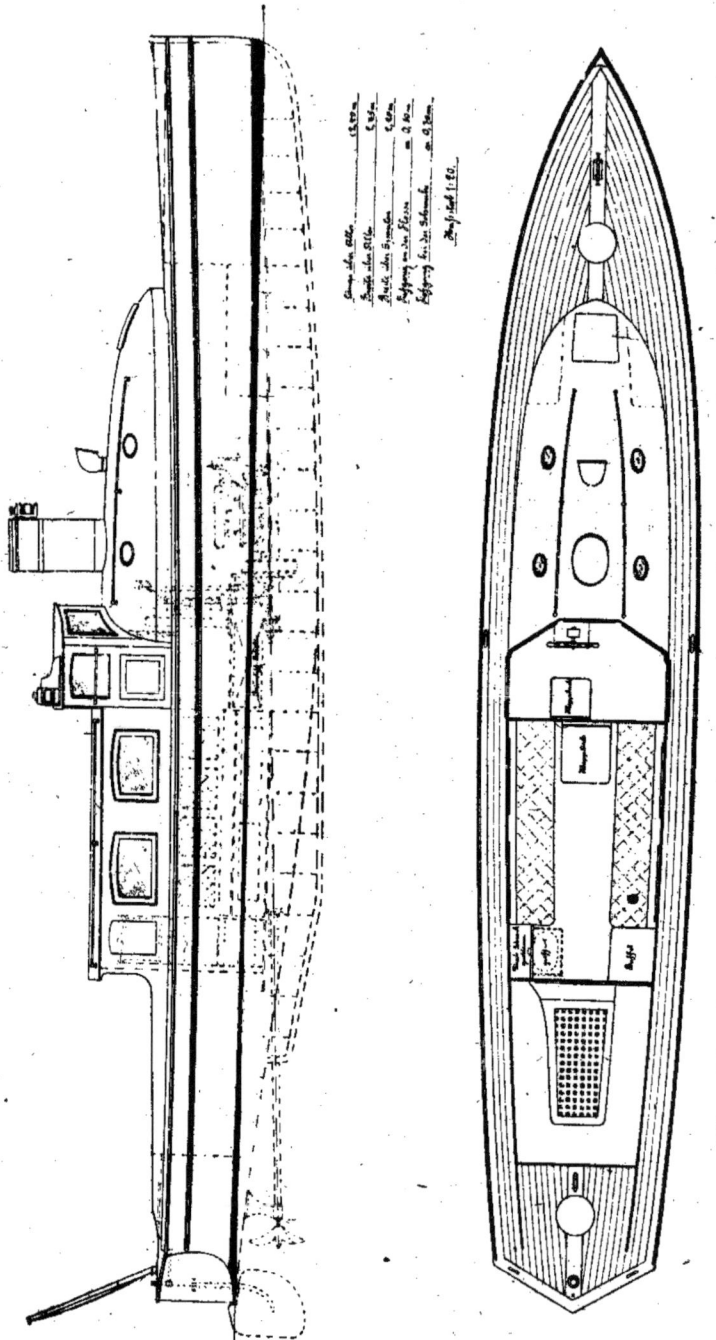

Fig. 33. Motorjacht für untere Flußläufe. 12,4×2,45×0,80 m. (Anker-Werft, Berlin-Rummelsburg.)

den. Die äußere Form und die Raumverteilung entsprechen jedoch dem am meisten beliebten „Seekreuzer"-Typ.

Auch der Motorkreuzer in Fig. 31 eignet sich mehr für ruhiges Wasser als für See, da der Steuerstand nicht selbstlenzend ist. Das völlig eingedeckte Vorschiff mit dem Motorraum gibt jedoch für kürzere Strecken und nicht zu schlechtem Wetter genügend Sicherheit.

Die Motorjacht in Fig. 32 ist schon weit eher in der Lage, dem Seegang in Flußmündungen, Haffs und ähnlichen Gewässern zu trotzen. Charakteristisch ist bei diesem und allen anderen für Seefahrt gebauten Booten der besonders abgeschottete Motorraum.

Es ist ein unbedingtes Erfordernis einer guten, brauchbaren Motorjacht dieser Größen, daß der Motorraum so groß und bequem als möglich bemessen wird. Muß der Bootsmann oder Maschinist in einem engen Loche an der Maschine hantieren und alle Pflegearbeiten in den unmöglichsten Stellungen und Verrenkungen ausführen, so wird sich dies sehr bald am Zustand des Motors zum Leidwesen des Besitzers zeigen. Der Motorraum muß vor allem Stehhöhe haben. Dies ist außerordentlich wichtig für alle größeren Überholungen am Motor, die nur dann schnell und ohne zu großen Zeitverlust ausgeführt werden können, wenn Platz genug da ist, um sich bewegen und auch etwas aus der Hand stellen zu können.

Ebenso muß aus demselben Grunde schon beim Einbau der Motorenanlage darauf Rücksicht genommen werden, daß sich die Anlage auch wieder jeder-

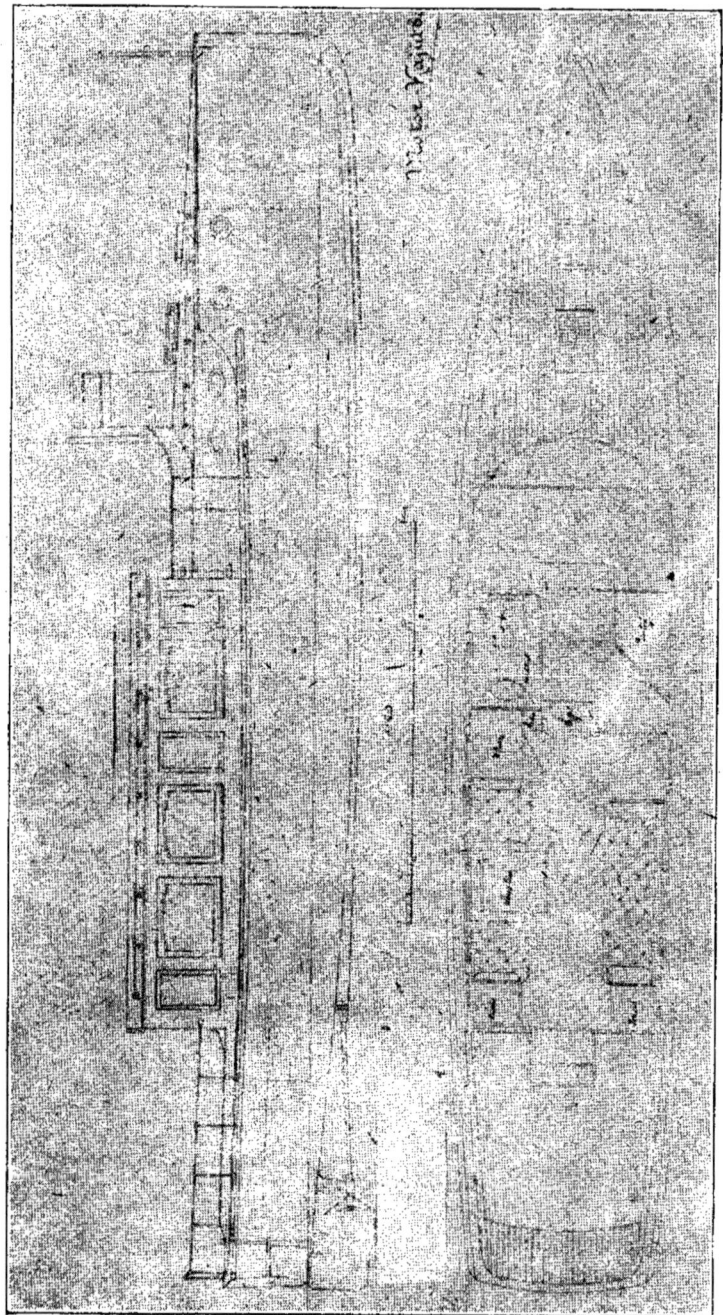

Fig. 34. Motor-Kajütboot. 12,50×2,40×1,15 m.
(Klause & Müller, Berlin-Stralau.)

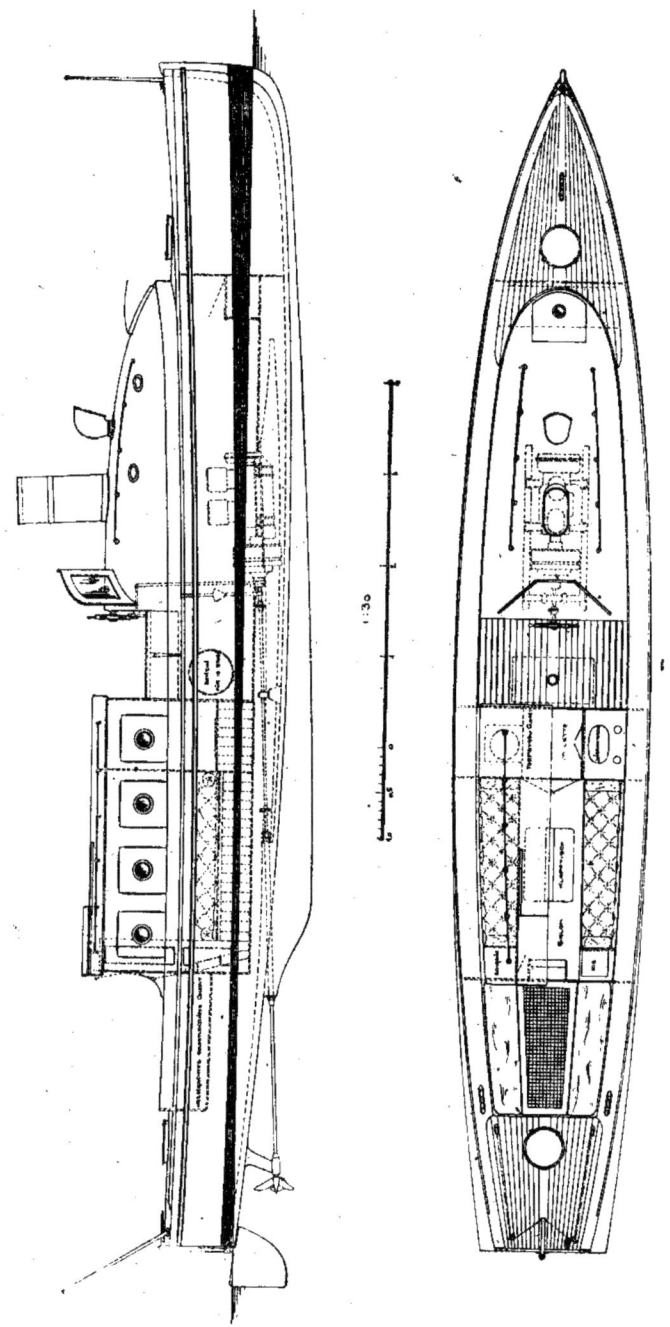

Fig. 35. Schnelle Motorjacht. 13×2,20×0,85 m. (Max Oertz, Hamburg.)

zeit leicht ausbauen läßt, ohne dazu das Motorboot auseinanderreißen zu müssen.

Diese Anforderungen können aber nur erfüllt werden, wenn man den Motor gesondert in einem Raume unterbringt.

Die Motorjacht in Fig. 33 ist als Inspektionsboot für eine Wasserbauverwaltung gedacht und hat daher nur so viel Bequemlichkeit, als für Tagesfahrten notwendig ist.

Der Motorkreuzer in Fig. 34 zeigt eine sehr beliebte Art der Inneneinrichtung. Im Salon sind zwei Schlafplätze vorgesehen. Das Sofa kann in ein Bett umgewandelt werden und aus der gegenüberliegenden Bordwand kann gleichfalls ein Bett herausgeklappt werden. Die Bootsmannskoje befindet sich wie üblich im Vorschiff.

Einen mehr marinemäßigen Aufbau zeigt uns Fig. 35.

Das Boot erinnert in Form und Einteilung an die Pinassen und Barkassen der Marine, jedoch mit veredelter, jachtmäßiger Linienführung.

Ein anderes Beispiel eines 13 m - Bootes zeigt Fig. 36. Hier ist der Freibord durchweg höher gehalten, so daß sich für das Vorschiff ein fast horizontales Deck ergibt. Die Einteilung ist die übliche: Ganz vorn Kettenlast, dahinter der Raum für den Bootsmann mit Koje, daran anschließend der Motorraum, der auch gegen das Vorschiff ganz abgeschottet ist. Der Zugang zum Mannschaftslogis erfolgt durch eine Einsteigeluke. Die Entlüftung des Motorraumes besorgt der Schornstein, in den auch das Auspuffrohr mündet. Der Brennstofftank liegt hier unter

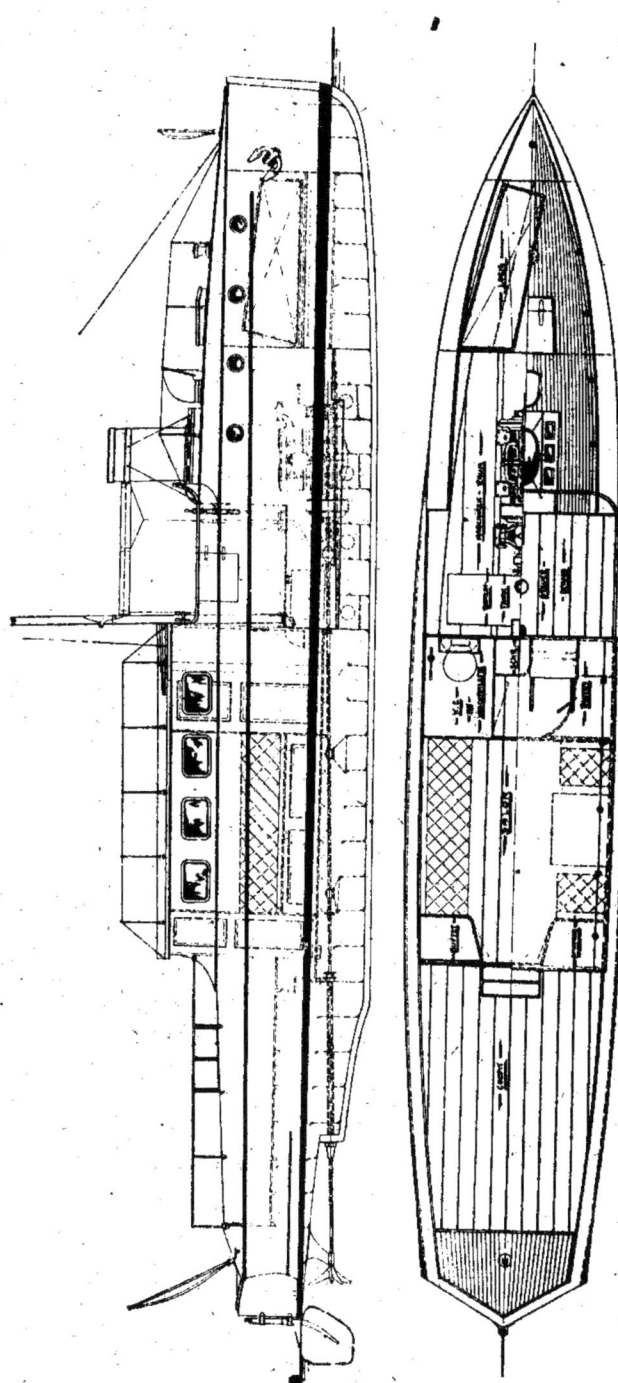

Fig. 36. Motorjacht für See und Binnen. 13,00×2,69×0,79 m. (Naglo-Werft, Weinmeisterhorn b. Spandau.)

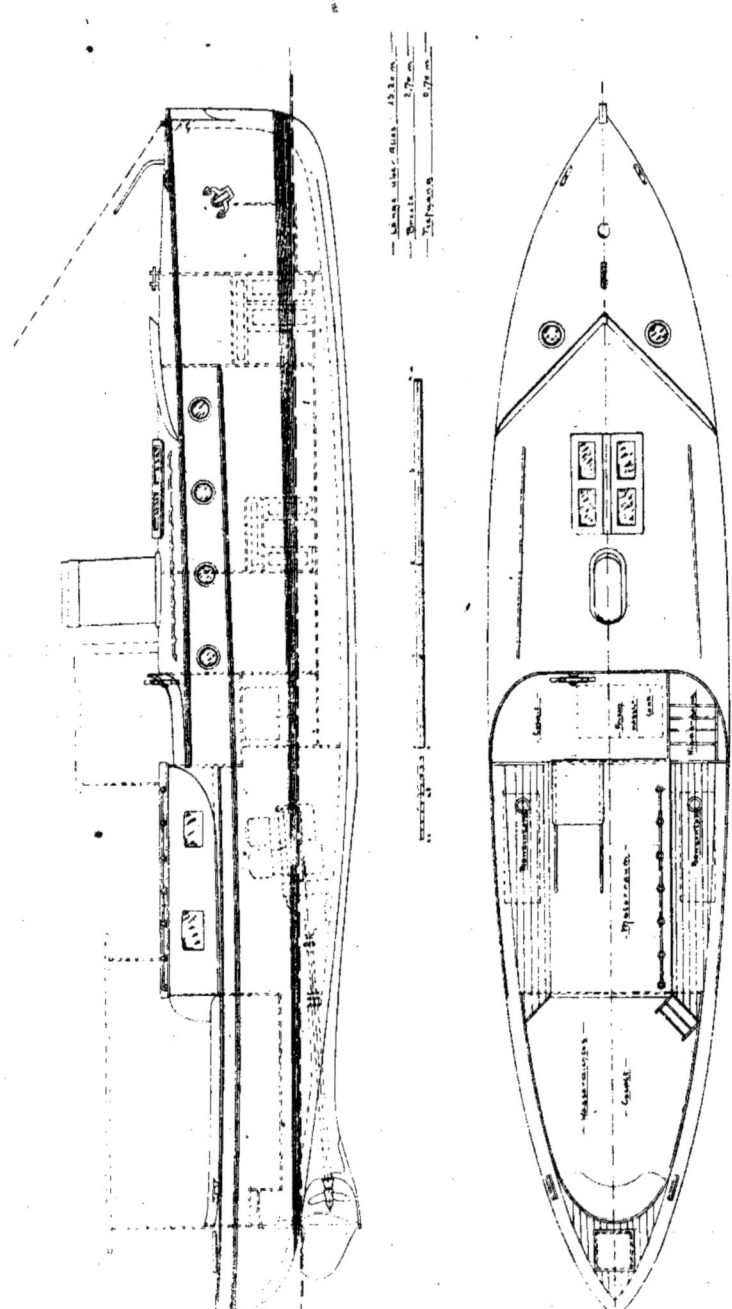

Fig. 37. Motor-Seekreuzer. 13,20×2,70×0,70 m. (Elka-Werft, Werder a. H.)

dem Steuerstand und ist infolgedessen auch leicht zugänglich. An den Steuerstand schließt sich die Kajüte an mit Sofa und zwei Sesseln, Schränken, Büfett usw. Im Vorraume befindet sich die Pantry und gegenüber an Backbord die Toilette. Das Achterschiff enthält ein sehr geräumiges Cockpit, das ebenso wie der Steuerstand selbstlenzend ist.

Der Entwurf in Fig. 37 zeigt eine ganz andere Bauart, die mehr amerikanischen Formen zuneigt. Hier ist das ganze Vorschiff zu Wohnzwecken benutzt; der Steuerstand liegt in der Mitte, und der Motor befindet sich hinter dem Steuerstand so weit wie möglich zurückgesetzt. Er ist in einem besonderen Motorraum eingebaut, hinter dem noch ein wasserdichtes Cockpit den Aufenthalt im Freien gestattet. Man kann bei dieser Anordnung im Vorschiff vier bequeme Schlafplätze gewinnen, während die Koje für den Bootsmann im Motorraum untergebracht werden kann. Auch die Seeeigenschaften des Bootes werden infolge der günstigeren Stellung des Motors und des lang eingedeckten Vorschiffes sehr gute sein.

Wieviel eine geringe Zugabe in der Länge die Bequemlichkeit des Schiffchens erhöhen kann, zeigt Fig. 38. Hier ergibt sich durch die Länge von 14 m die Möglichkeit der Einrichtung einer besonderen Schlafkabine, deren Betten etwas unter den Steuerstand reichen. Auch für Toilette, Pantry und Schränke ist mehr Raum verfügbar.

Eine ebenso reichliche Einrichtung, nur für einen Sonderzweck ausgesucht, zeigt die Jacht in Fig. 39. Dieses Boot war für den Dienst im Kaiserlichen Motorbootkorps speziell gebaut und infolgedessen nur mit

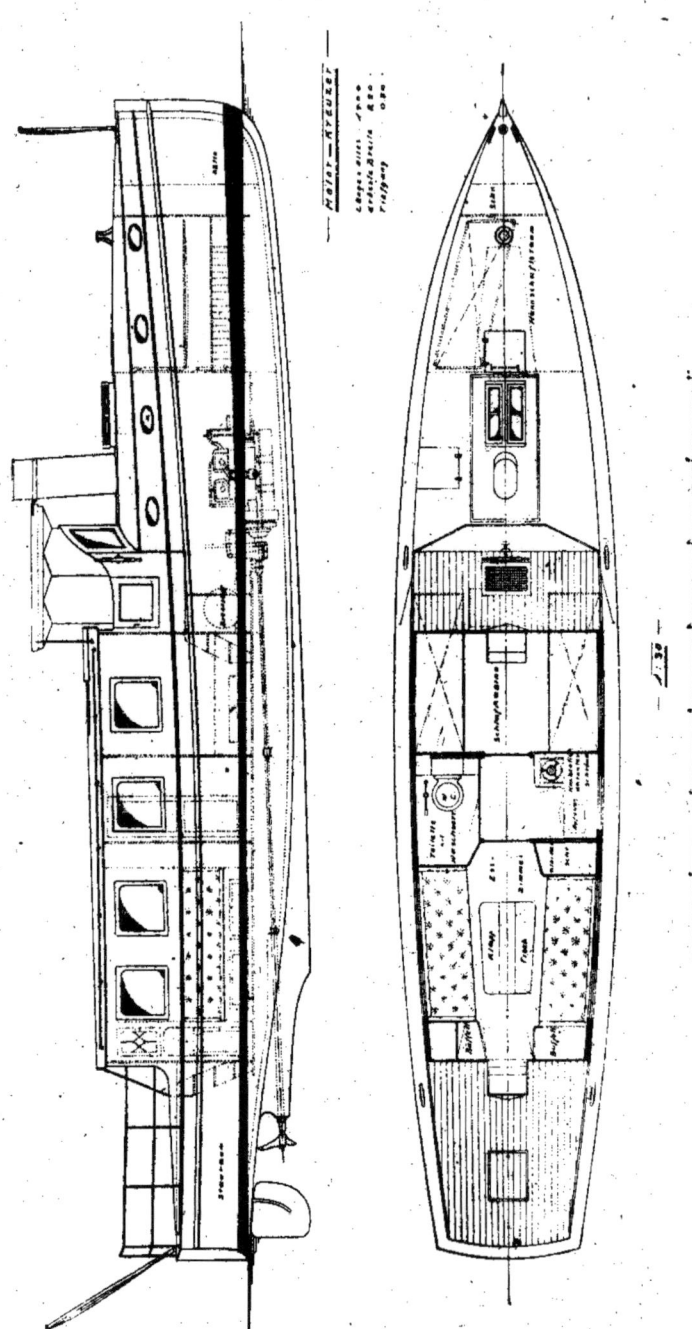

Fig. 38. Motor-Kreuzer. 14×2,80×0,80 m. (Abeking & Rasmussen, Lemwerder i. H.)

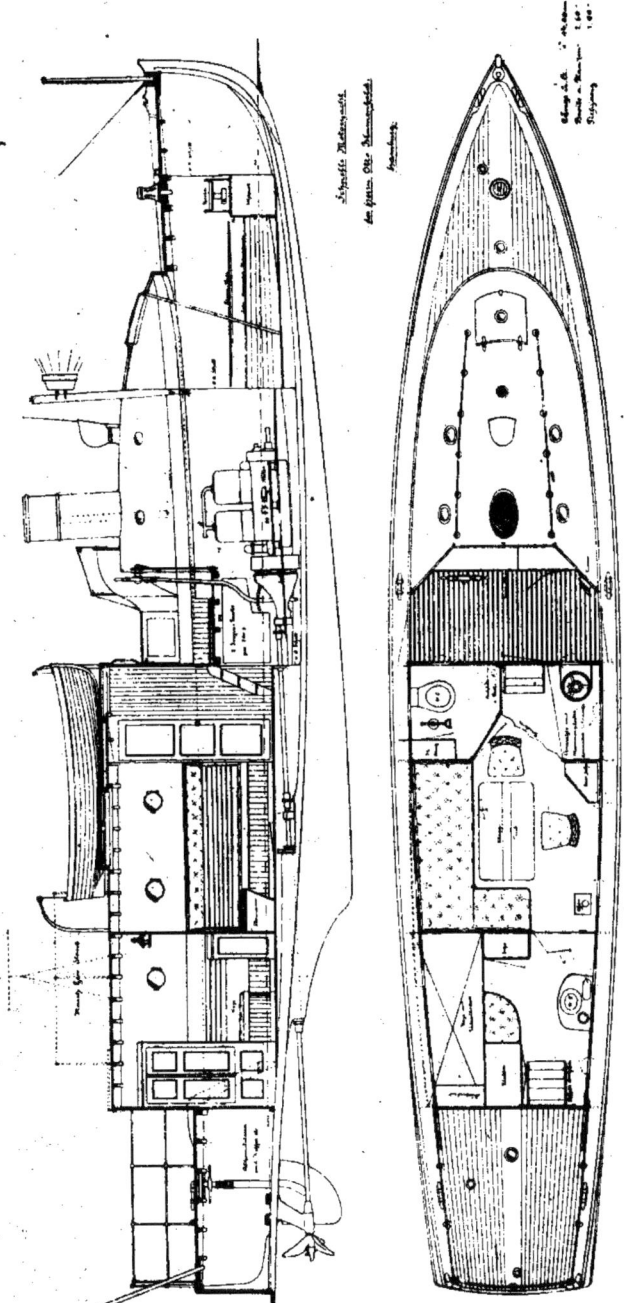

Fig. 39. Seefähige Motorjacht. $14 \times 2{,}60 \times 1$ m.
(Max Oertz, Hamburg.)

je einem Schlafplatz für den Eigner und seinen Maschinisten ausgestattet. Schlafraum und Eignerkabine sind auch hier getrennt gehalten, aber beide sehr hübsch und bequem ausgestattet.

Sehr beachtenswert ist bei allen diesen Booten der Schutz für die Schraube, der durch den tiefgehenden Kiel oder das Totholz gebildet wird, so daß bei Grundberührungen des Schiffes die Schraube niemals Scha-

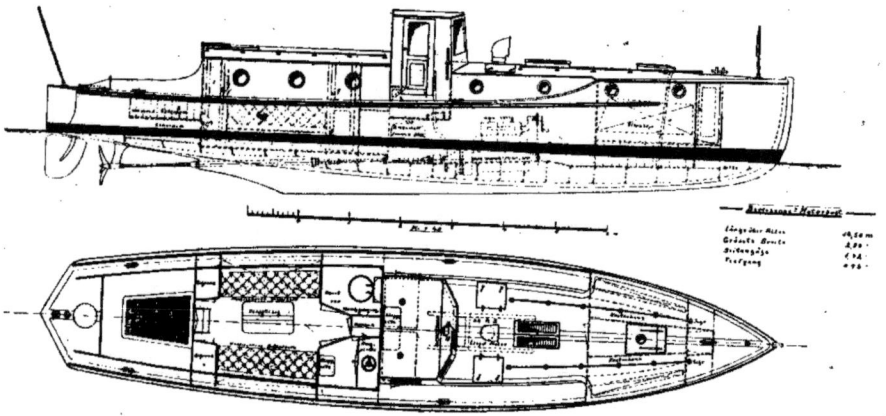

Fig. 40. Bereisungs-Motorboot. 14,50×2.90×0,98 m.
Seitenhöhe 1,42 m.
(Abeking & Rasmussen, Lemwerder.)

den leiden kann. Infolge des tiefen Kiels kommt sie beim Auflaufen nicht mit dem Grund in Berührung.

Das Bereisungsboot in Fig. 40 hat mit Rücksicht auf seinen Zweck eine andere Raumeinteilung erhalten, die aus der Zeichnung ersichtlich ist. Im Mannschaftsraum sind Schlafkojen für zwei Mann Besatzung vorgesehen.

Mit wachsender Größe des Schiffes lassen sich natürlich die Annehmlichkeiten an Bord sehr steigern. So finden wir z. B. auf dem Entwurf in Fig. 41 außer

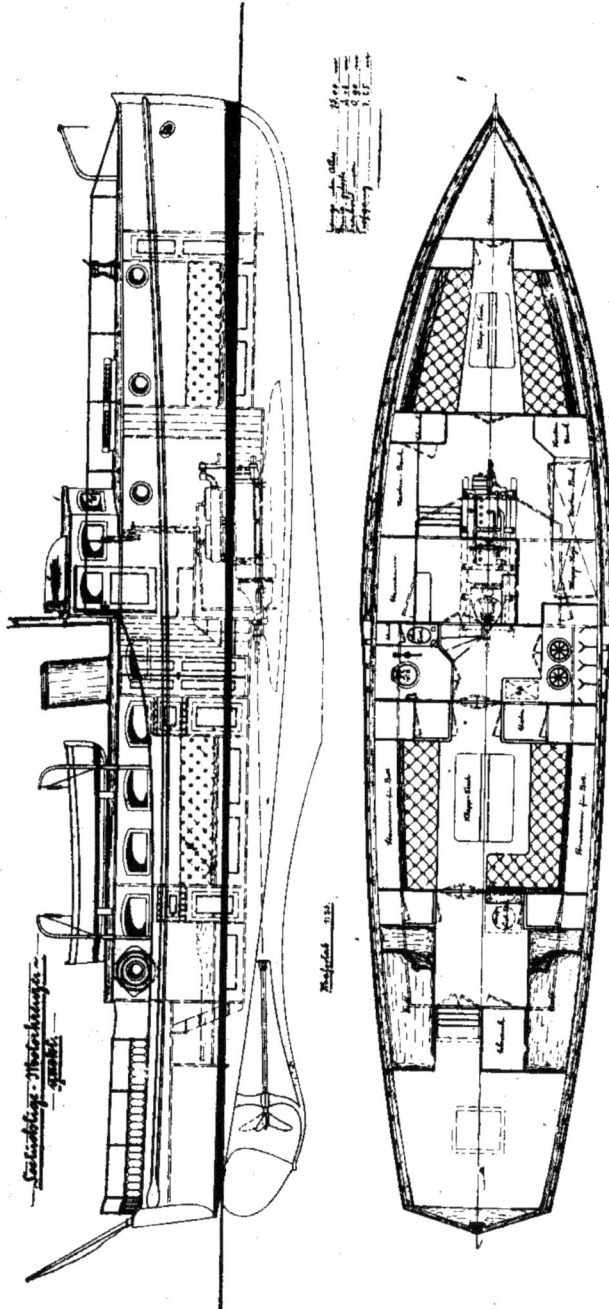

Fig. 41. Seetüchtige Motorjacht. 15×3,48×1,25 m. Niedrigster Freibord 0,90 m.
(H. Heidtmann, Hamburg.)

— 68 —

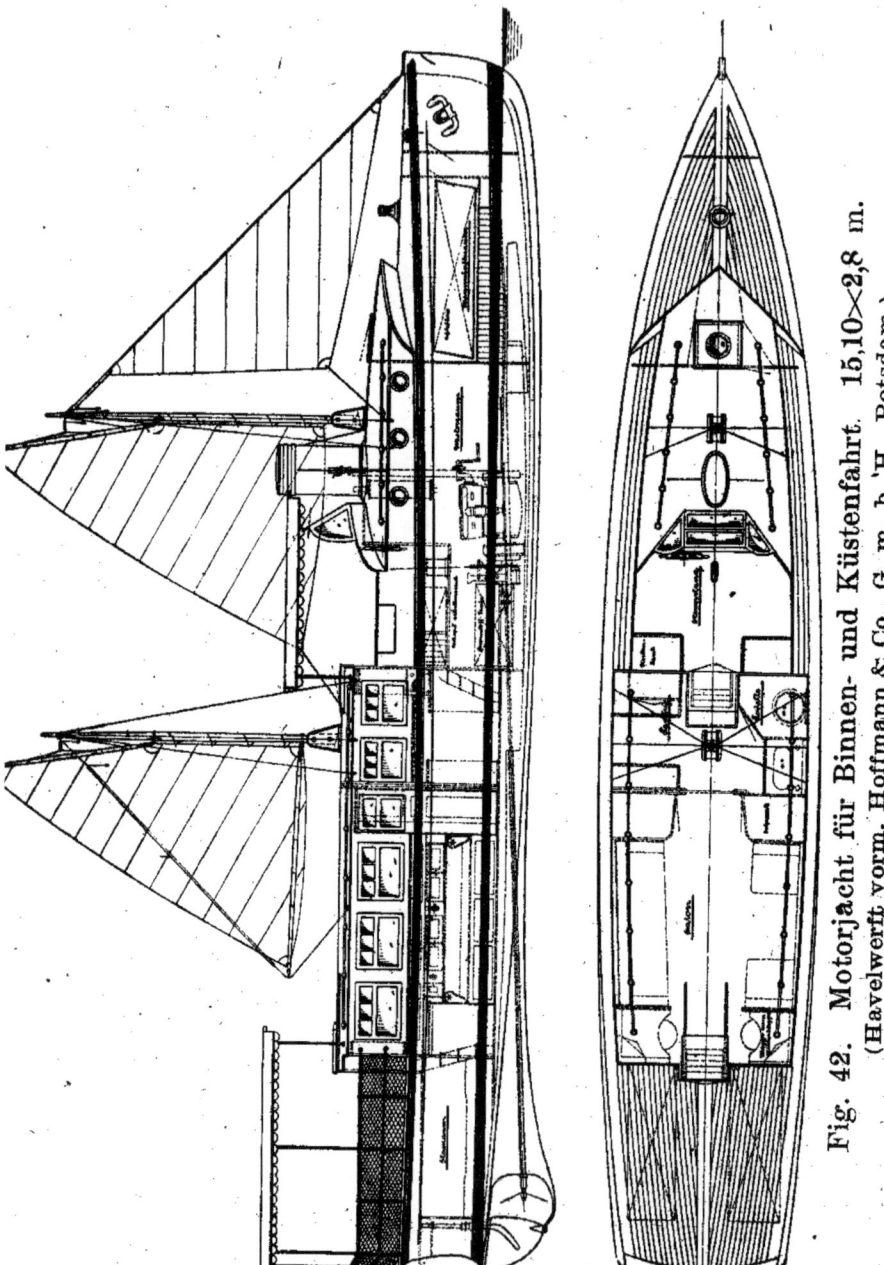

Fig. 42. Motorjacht für Binnen- und Küstenfahrt. 15,10×2,8 m.
(Havelwerft vorm. Hoffmann & Co., G. m. b. 'H., Potsdam.)

der Eignerkabine mit daran anschließendem Schlafraum auch eine Gästekabine im Vorschiff. Außerdem lassen sich die Sofas im Eignerraum auch zu Betten umwandeln. Über Tag sind die Betten in der Rückwand verstaut. Somit sind außer für den Bootsmann und den Jungen, die im Motorraum schlafen, noch sechs Schlafplätze für den Eigner und seine Gäste vorhanden.

Fig. 42 gibt ein Beispiel für die übliche Besegelung einer seetüchtigen Motorjacht, die natürlich infolge ihrer anderen Bauart nicht soviel Quadratmeter Segel tragen kann, wie ein entsprechendes Segelboot. Man begnügt sich meist bei der Motorjacht mit der einfachen Slooptakelung und einem Klüver. Die Segelfläche wird so bemessen, daß sie zur Fortbewegung des Fahrzeugs ausreicht und ihm Steuerfähigkeit im Seegang sichert. Bei den meisten Jachten ist immer auf möglichste Ausnutzung der Motorkraft zu möglichst hoher Fahrtgeschwindigkeit Rücksicht genommen. Auch geht man im Freibord nicht gern allzu hoch, um dem Winde keine zu große Angriffsfläche zu bieten. Dadurch ergeben sich aber andere Gesichtspunkte für die Raumeinteilung des Bootes und die Möglichkeit, mehr oder weniger geschlossene Räume zu schaffen. Ausschlaggebend ist hier auch die Rücksichtnahme darauf, wieviel Personen auf dem Boote wohnen sollen und wie groß das Cockpit gewünscht wird.

Fig. 43 und 44 sind treffende Beispiele hierfür. Bei der Jacht in Fig. 43 ist ein sehr großer Raum im Achterschiff für den Aufenthalt im Freien geschaffen. Dafür ergeben sich nur eine Eignerkabine mit zwei,

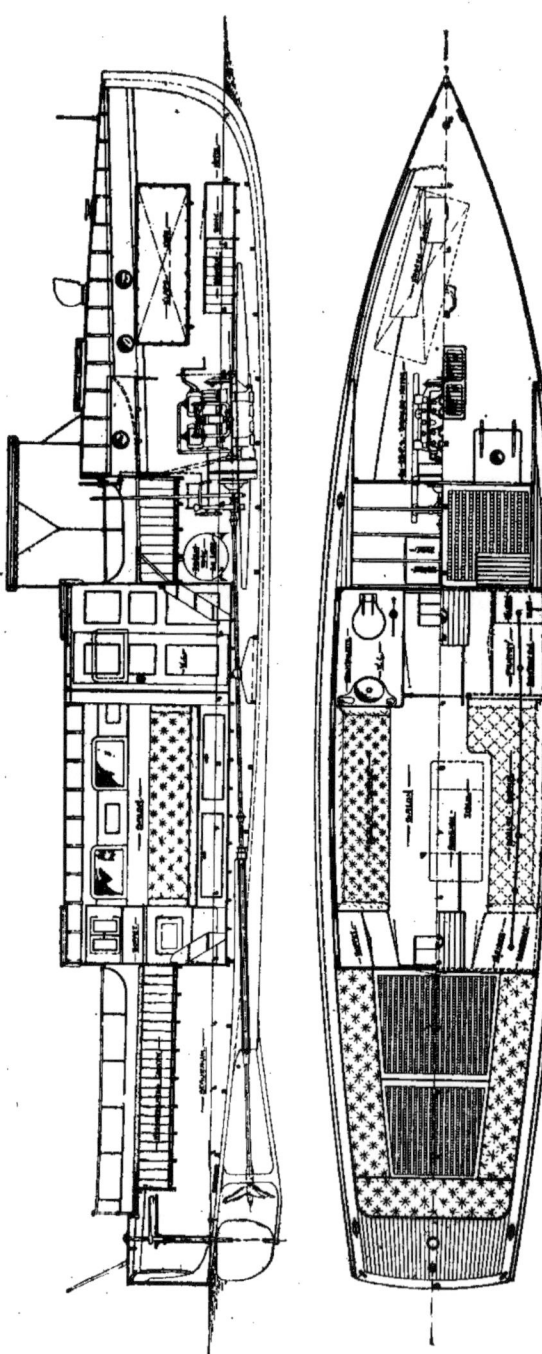

Fig. 43. Motorjacht für Binnen und See. 15,25×2,62×0,76 m. (Naglo-Werft, Weinmeisterhorn b. Spandau.)

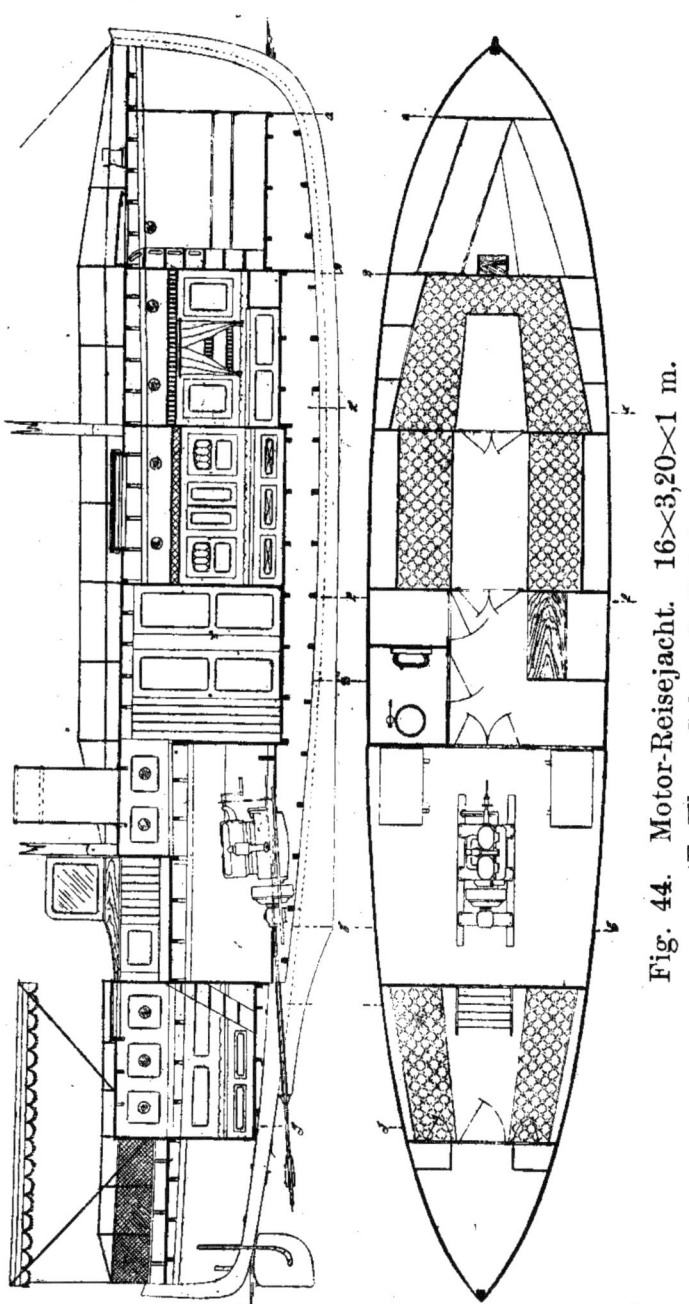

Fig. 44. Motor-Reisejacht. 16×3,20×1 m.
(E. Kluge, Sakrow b. Potsdam.)

allerdings sehr bequemen Schlafplätzen und reichlich großer Toilette und Schränken usw. Auch der Steuerstand ist groß gehalten, um dem selbstfahrenden Eigner zu ermöglichen, seine Gäste um sich zu sehen. Bei der ebenso langen Jacht in Fig. 44 war offenbar die Grundforderung, möglichst viel Wohngelegenheit zu schaffen. Der Konstrukteur hat sie dadurch zu erfüllen gesucht, daß er eine ganz andere Einteilung wählte, die an amerikanische Vorbilder anklingt. Der Motor sitzt so weit wie möglich nach hinten und bekommt dadurch eine ziemlich schräge Lage, die nur bei vorzüglichen Schmiereinrichtungen der Maschine zulässig ist. Steuerstand und Schornstein zum Abzug der Gase kommen direkt darüber. Dadurch ist die Haupteinteilung gegeben. Im Achterschiff bleibt noch Platz für eine Gästekabine mit dahinterliegendem kleinen Cockpit, während vor dem Motor mittschiffs Wasserklosett und Küche mit großen Schränken und davor zwei Kajüten mit zusammen vier Schlafplätzen gewonnen sind. Im Vorschiff liegt noch der von oben durch eine Einsteigluke zugängliche Schlafraum für den Bootsmann. Insgesamt könnten also außer der bezahlten Hand sechs Leute untergebracht werden. Durch das hochliegende Deck, das auch zum Aufenthalt im Freien dient, wird allerdings der Freibord des Fahrzeugs ziemlich hoch, so daß die Abdrift bei Seitenwind nicht unerheblich sein wird.

Das Boot Fig. 45 wurde von der Daimler-Motoren-Gesellschaft für einen bekannten Großindustriellen Süddeutschlands geliefert und war wohl das schönste Fahrzeug der deutschen Bodensee-Jachtflottille vor dem Kriege, wo es unter dem Namen „Delphin" wohl-

— 73 —

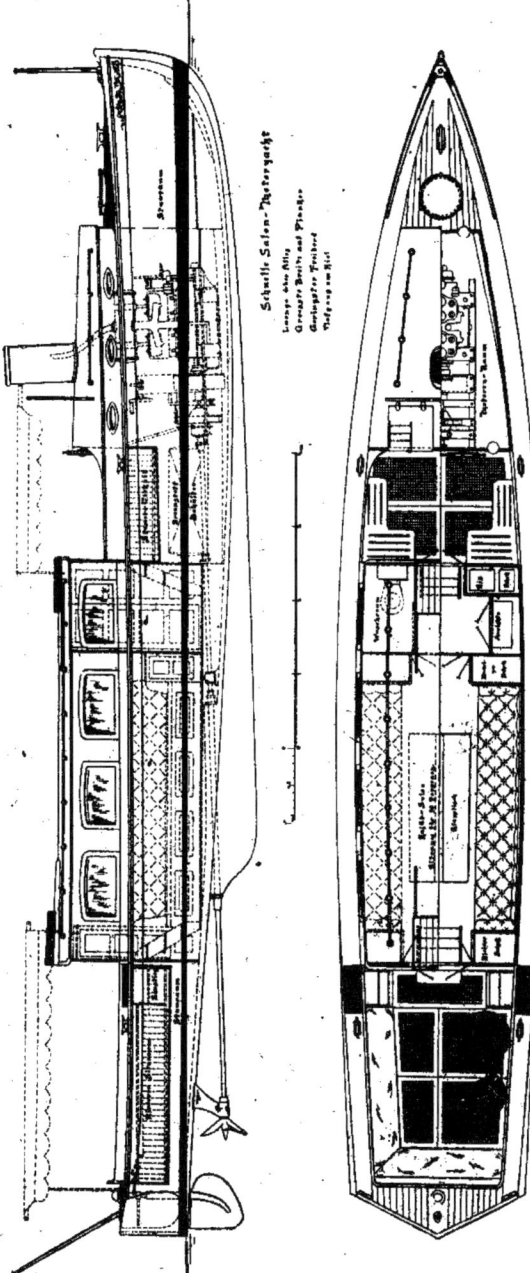

Fig. 45. Schnelle Salon-Motorjacht. 16×2,80×1 m. Freibord 0,80 m.
(Daimler-Motoren-Gesellschaft, F. W. von Viebahn.)

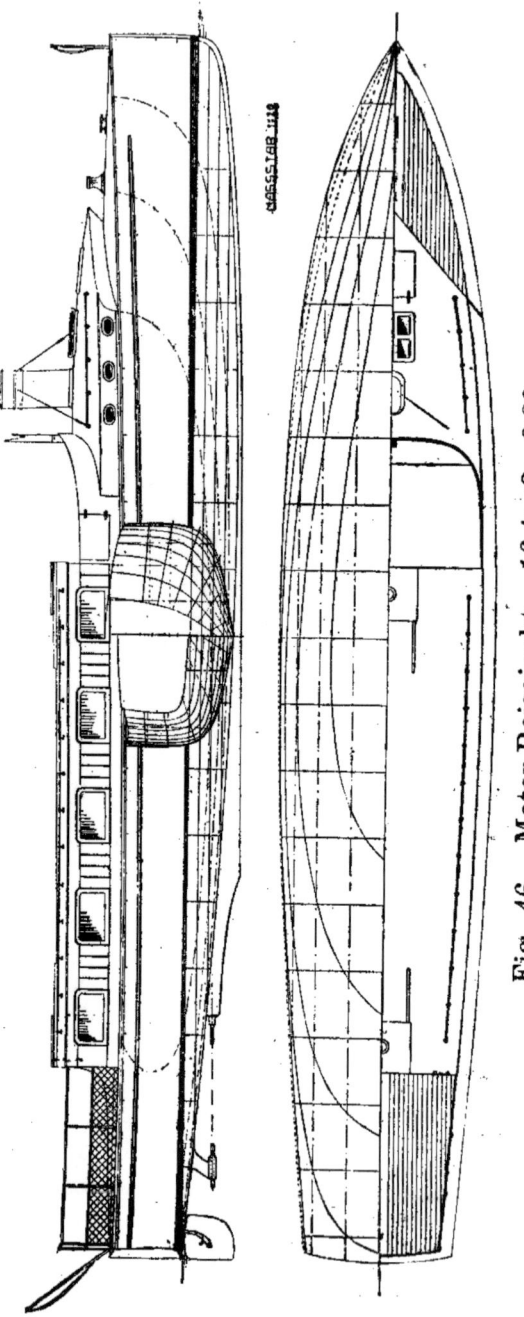

Fig. 46. Motor-Reisejacht. 16,4×3×0,80 m.
(E. Kluge, Sakrow b. Potsdam.)

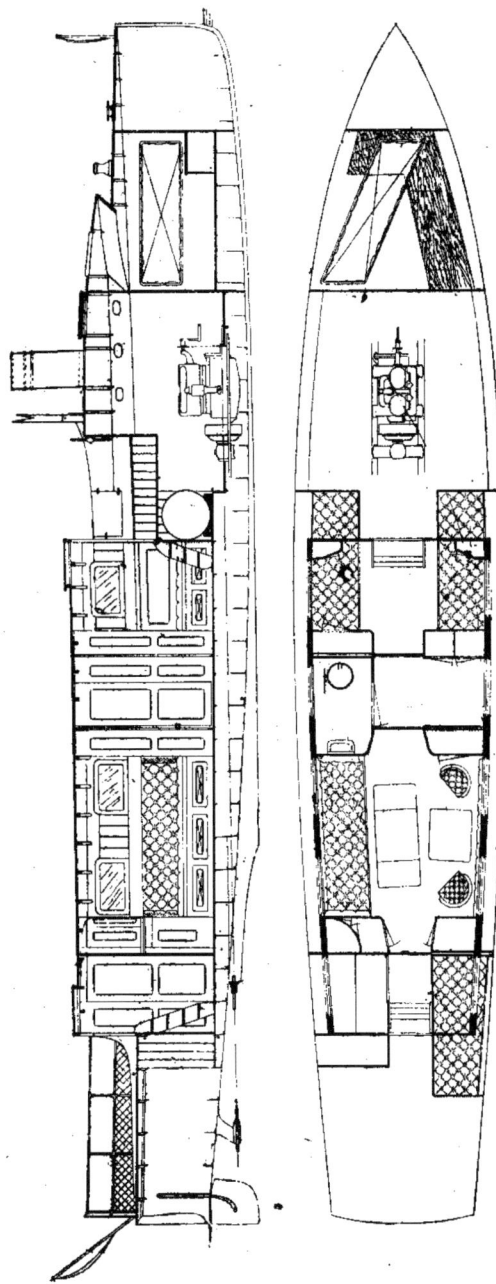

Fig. 47. Motor-Reisejacht. 16,4×3×0,80 m.
(E. Kluge, Sakrow b. Potsdam.)

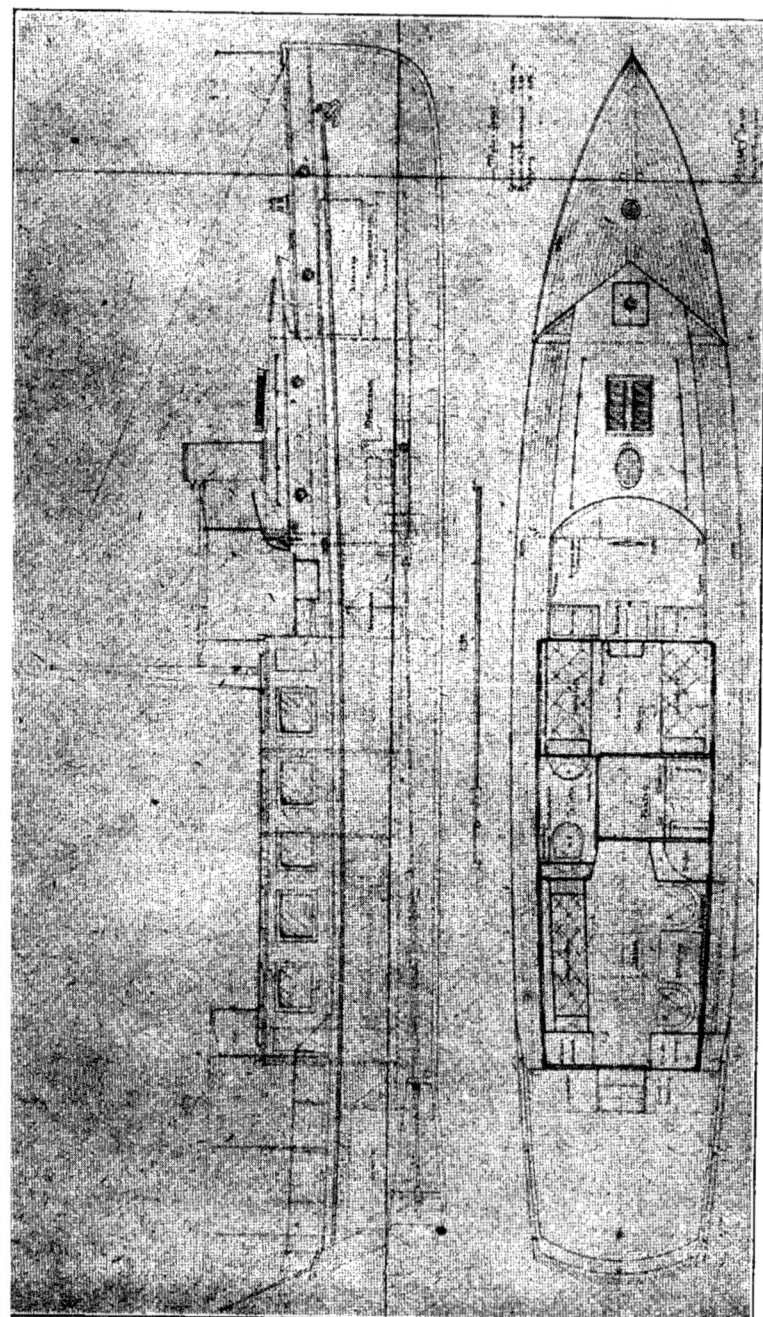

Fig. 48. Motor-Reisejacht. 16,50×3,20×0,80 m. (Albatroswerke, Entwurf M. H. Bauer, Friedrichshagen b. Berlin.)

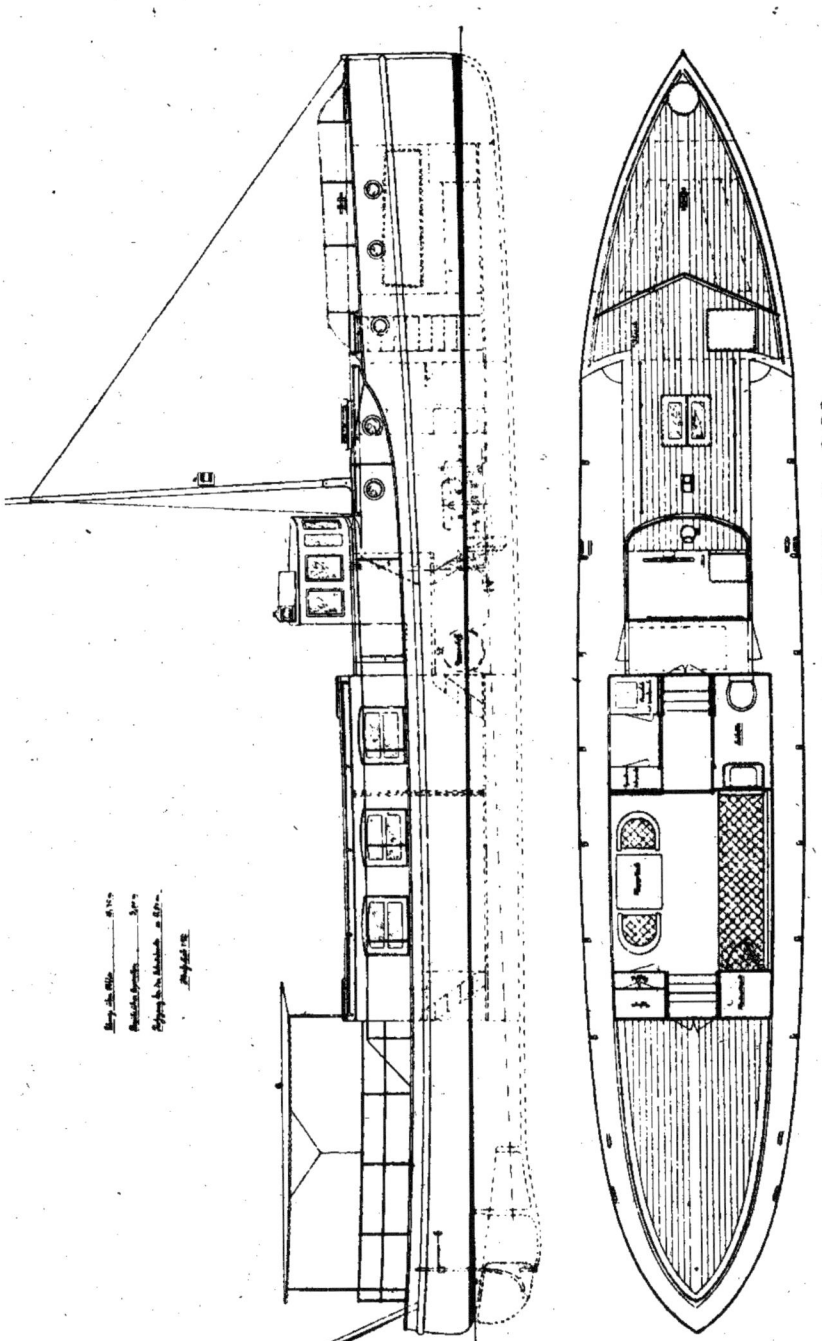

Fig. 49. Seefähige Motorjacht. 16,70×3×0,90 m. (Anker-Werft, Berlin-Rummelsburg.)

bekannt ist. Aufgabe des Konstrukteurs war es, eine geräumige, schnelle und gegen die Wettertücken des schwäbischen Meeres seetüchtige Motorjacht zu schaffen, auf welcher eine größere Gesellschaft bequem befördert werden kann. Die Anordnung zeigt deshalb einen großen hinteren Sitzraum mit seitlichen Einsteigtreppen, einen geräumigen Kajütsalon mit davorliegenden Nebenräumen und den mit selbstlenzendem Cockpit versehenen erhöhten Steuerstand hinter dem Motorraum.

Die Stundengeschwindigkeit des Bootes beträgt mit einem 60-PS-Schiffsmotor reichlich 20 km, so daß die Strecke Lindau-Konstanz in wenig mehr als zwei Stunden zurückgelegt werden kann.

Aus den zuletzt betrachteten Beispielen ist zu ersehen, daß die Bequemlichkeit der Jacht ganz gewaltig steigen kann, wenn man in der Länge etwas zugeben kann. Bei den größeren Jachten kommt das natürlich noch in weit höherem Maße zum Ausdruck.

Ein elegantes Beispiel einer schönen und schnellen Jacht von über 17 m Länge ist der Entwurf in Fig. 50 von Dr. h. c. Max Oertz.

Der klare Einrichtungsplan gibt dem geübten Leser allein genügend Aufschluß, so daß sich eine nähere Beschreibung erübrigt. Natürlich erfordert eine so große Jacht zur sicheren Handhabung möglichst zwei Mann Besatzung, und zwar in der Regel bestehend aus einem Bootsmann und einem Jungen. Die Kojen für beide befinden sich vorn im Mannschaftsraum.

Während die Jacht in Fig. 51 sich in ihrer äußeren Form an die gangbarste Type mit offenem Steuerstand

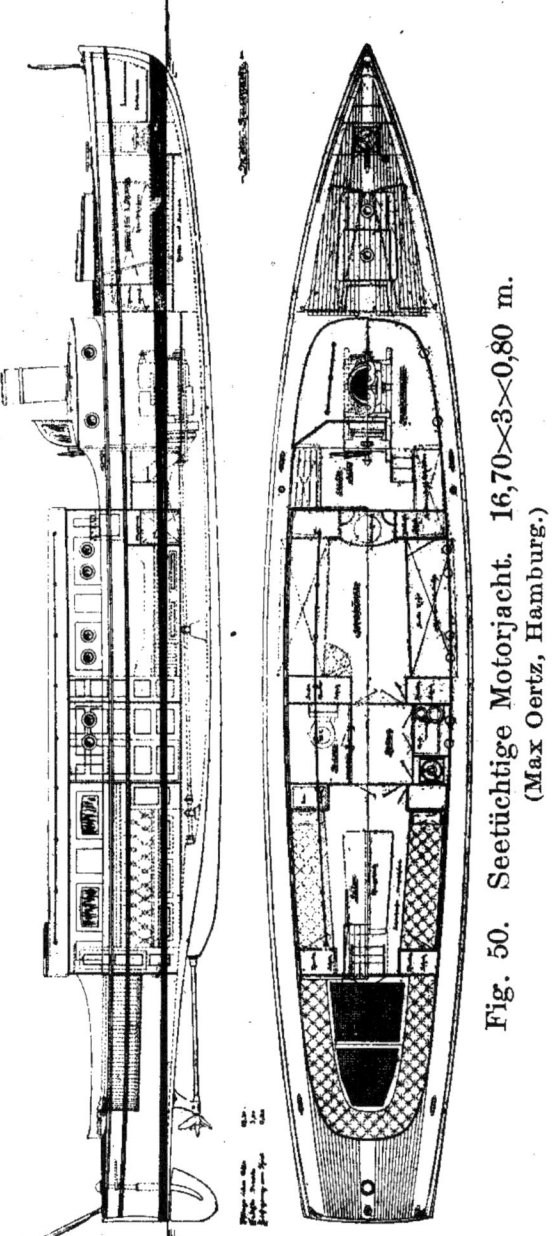

Fig. 50. Seetüchtige Motorjacht. 16,70×3×0,80 m. (Max Oertz, Hamburg.)

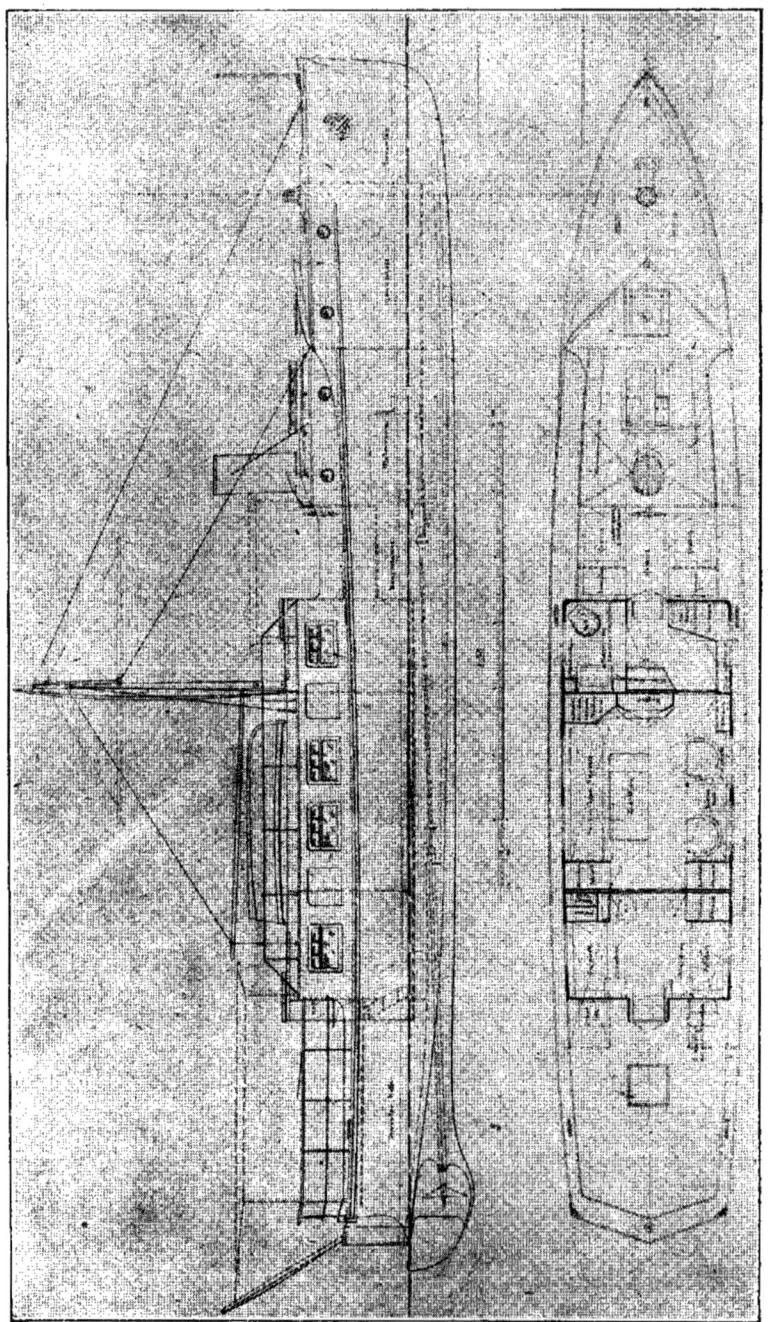

Fig. 51. Seegehende Motorjacht. 18×3,19×1 m.
(Albatroswerke. Entwurf M. H. Bauer, Friedrichshagen b. Berlin.)

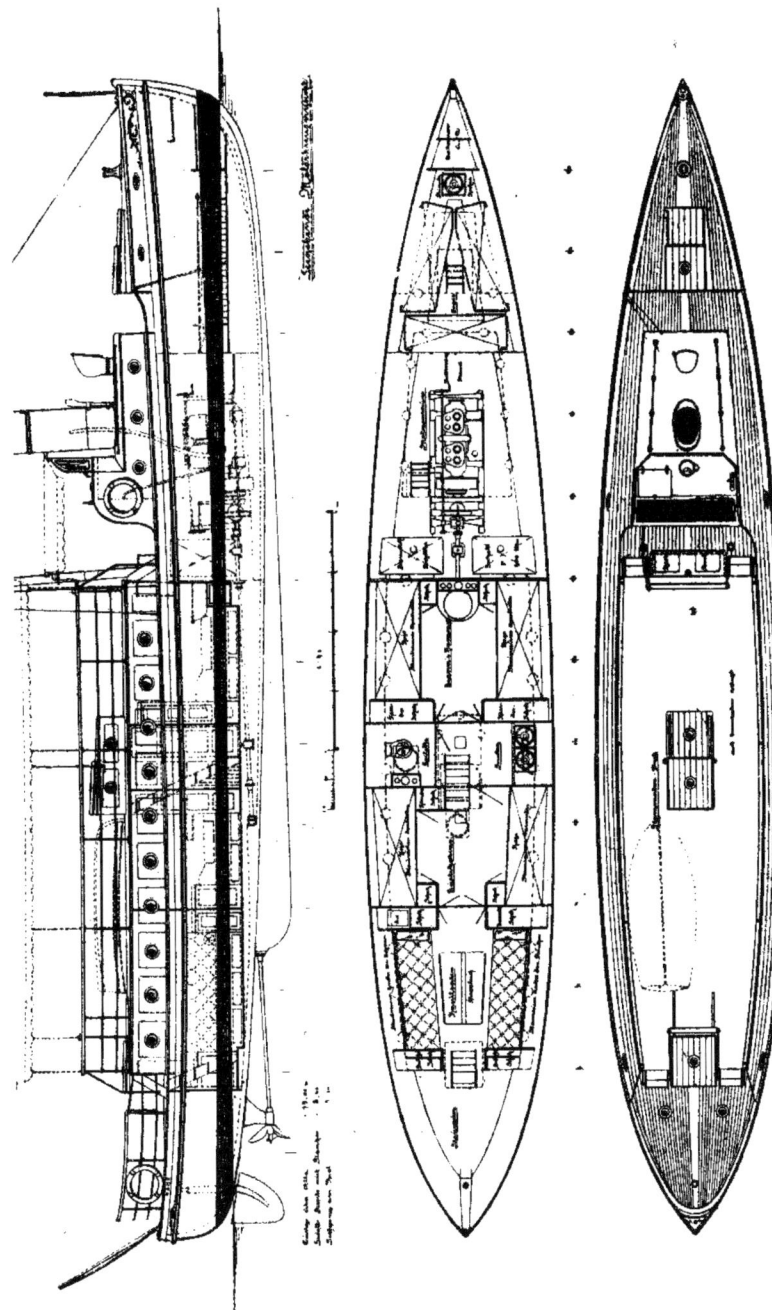

Fig. 54. Seegehende Motorjacht. 19,55×3,30×1,10 m. (Max Oertz, Hamburg.)

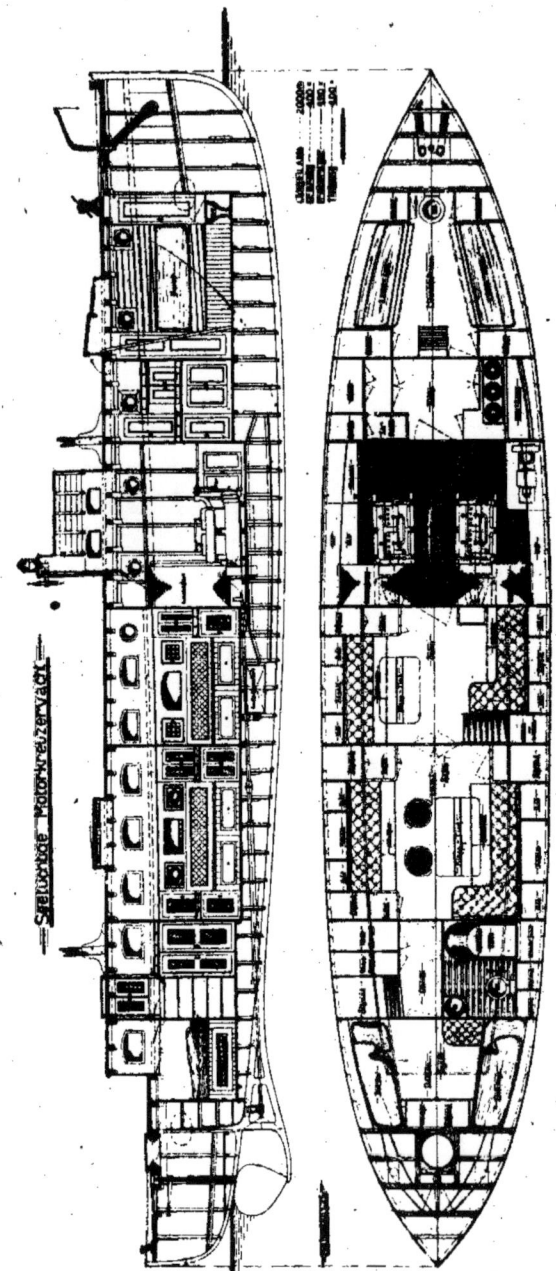

Fig. 55. Seetüchtige Motorkreuzerjacht. 20×4×1, niedrigster Freibord 1,30 m. (H. Heidtmann, Hamburg.)

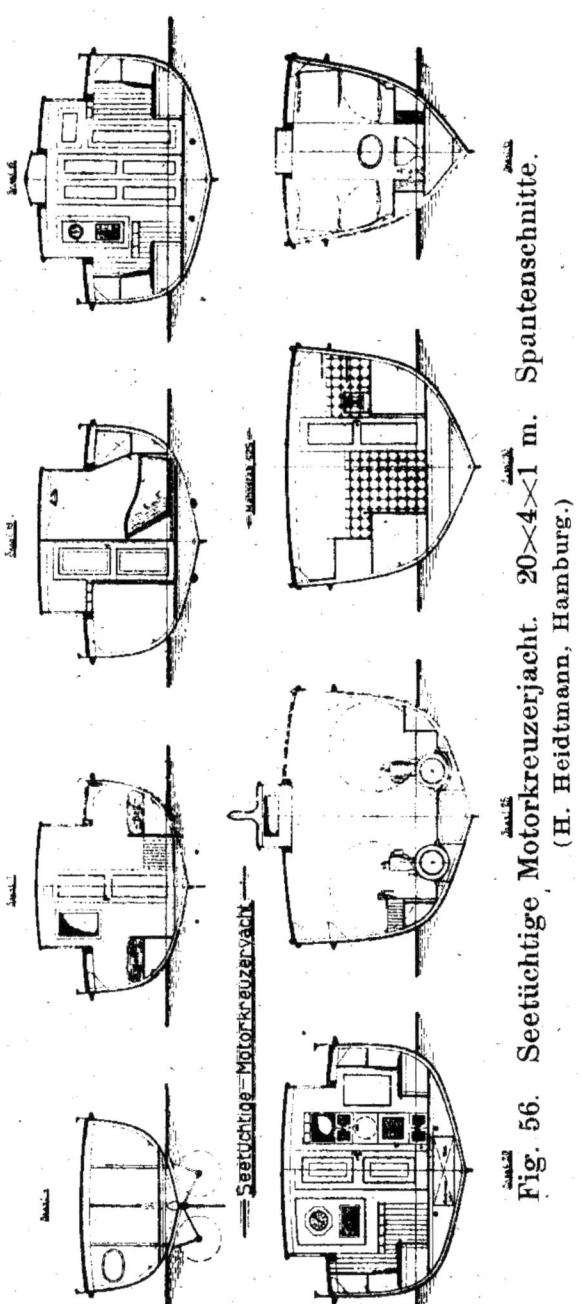

Fig. 56. Seetüchtige Motorkreuzerjacht. 20×4×1 m. Spantenschnitte.
(H. Heidtmann, Hamburg.)

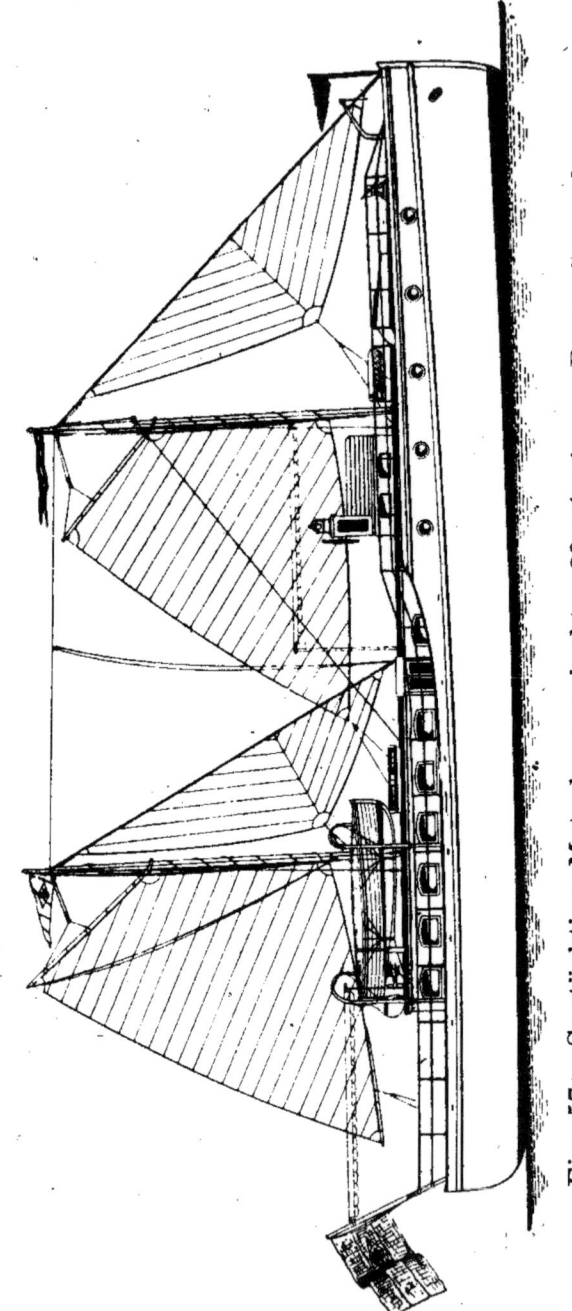

Fig. 57. Seetüchtige Motorkreuzerjacht. 20×4×1 m. Besegelungsplan.
(H. Heidtmann, Hamburg.)

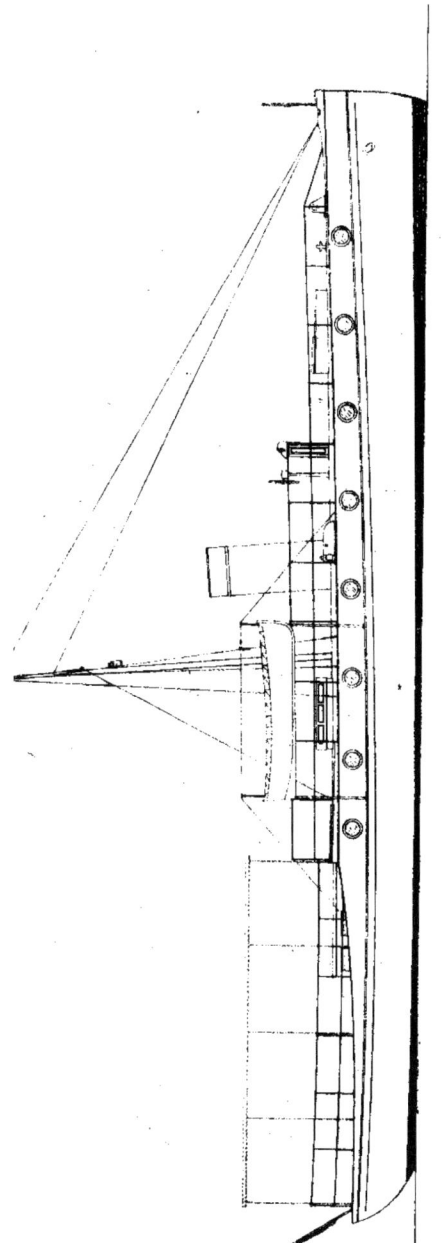 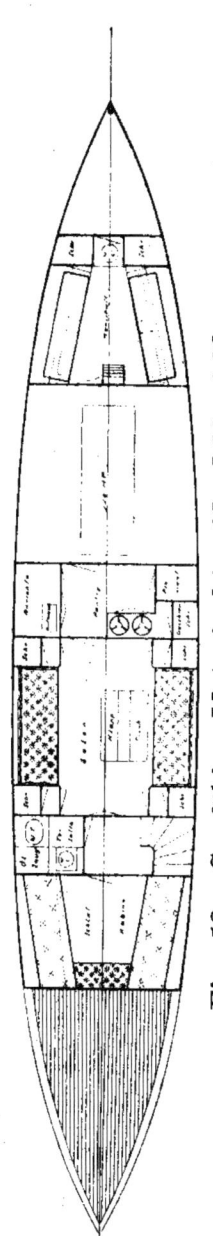

Fig. 58. Seefähige Motorjacht. 19×3,20×1,20 m. (Abeking & Rasmussen, Lemwerder a. W.)

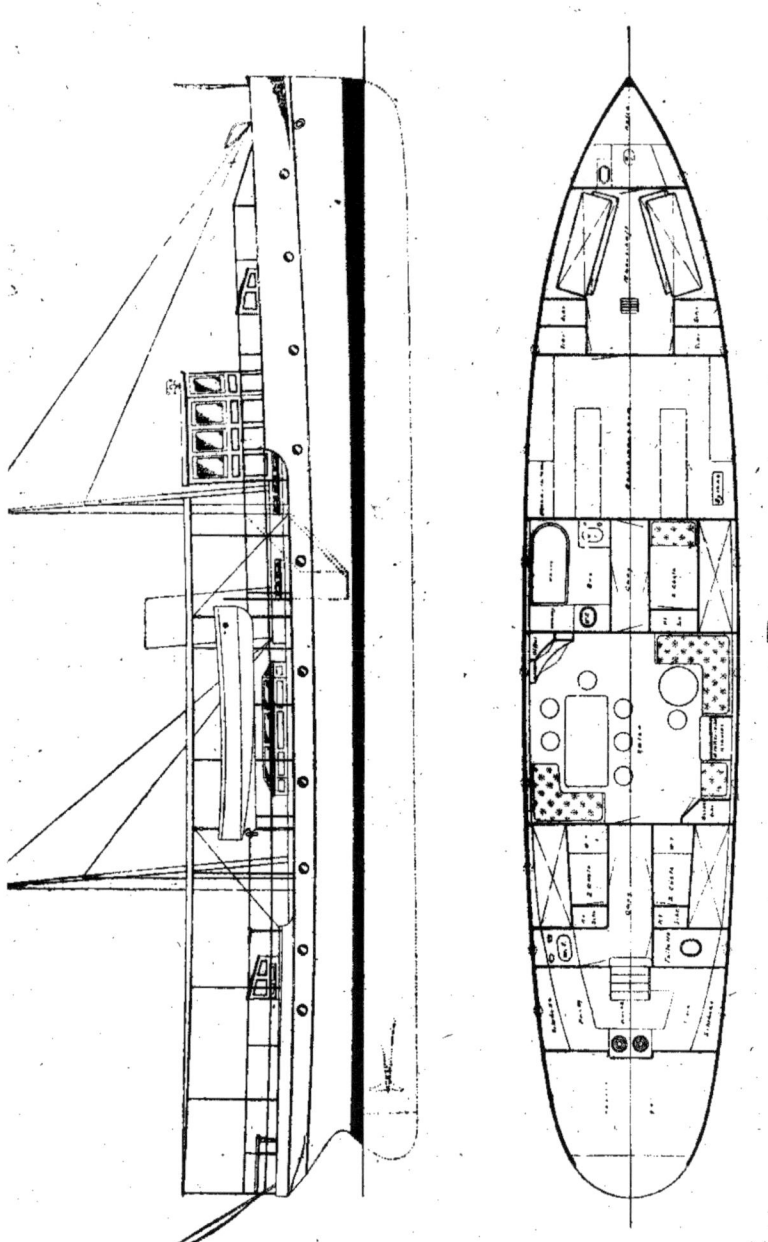

Fig. 59. Seegehende Motorjacht. 20,15×4×1 m.
(Abeking & Rasmussen, Lemwerder a. W.)

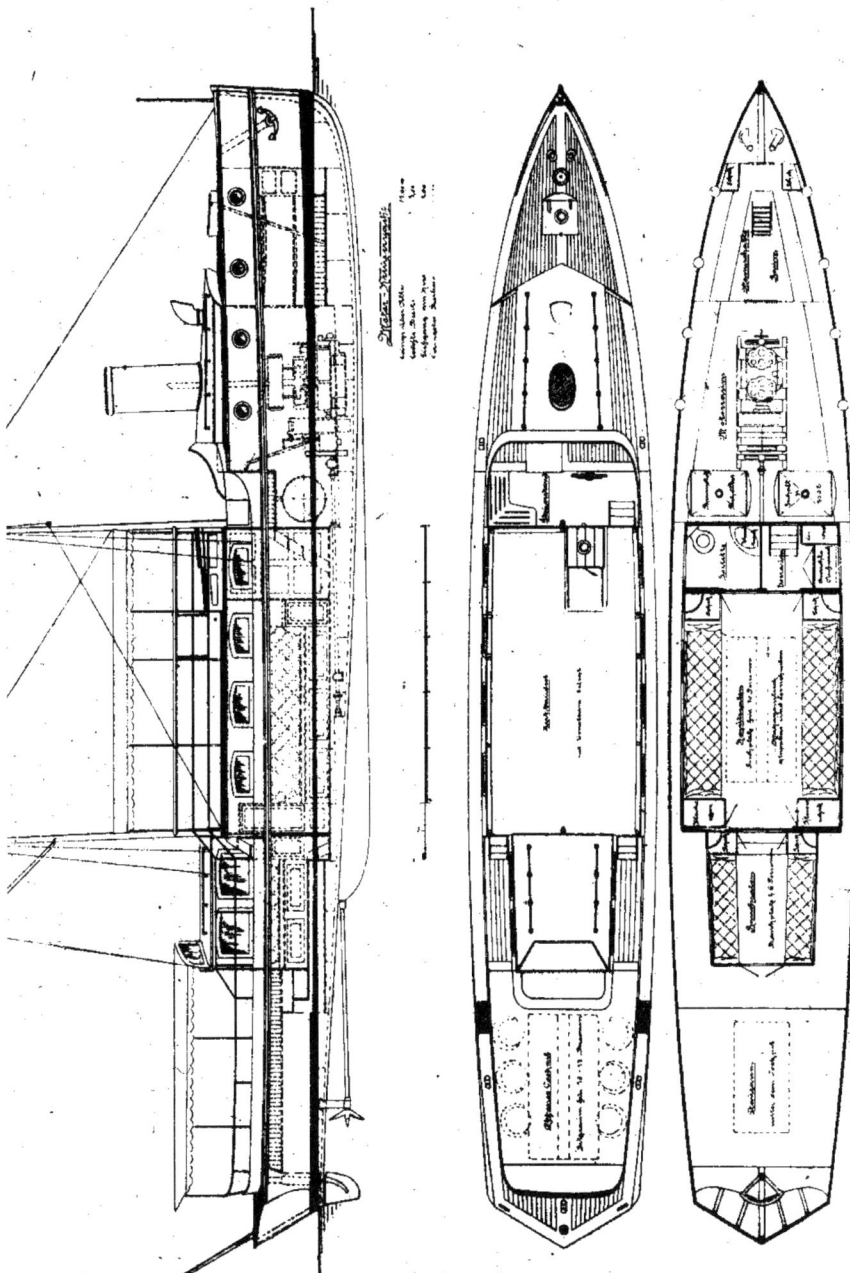

Fig. 60. Seegehende Motoryacht 21×3,50×1 geringster Freibord 1 m

hält, finden wir in Fig. 52 und 53 andere Wege verfolgt. Das Deck ist vom Vorschiff bis zum Kajütenende durchlaufend. Vom Steuerhaus nach achtern ist rechts und links neben den Aufbauten ein Laufgang freigelassen. Aus dem letzten Raum führt eine Treppe auf das Achterdeck, das zum Aufenthalt im Freien dienen soll. Das ganze Schiff konnte infolge der Wahl des durchgehenden Decks mit außerordentlich reicher Wohngelegenheit ausgestattet werden, allerdings auf Kosten des Maschinenraumes, der infolge des darüberliegenden Steuerstandes keine Stehhöhe erhalten konnte. Das Fahrzeug enthält eine Eignerkabine, einen Salon, eine Damenkabine und eine Gästekabine. Dementsprechend ist auch die Küche vorsorglich groß genug gehalten, um eine so reichliche „Belegschaft" ernähren zu können.

Zum Abschluß der Beispiele seien noch die Entwürfe einiger großer Jachten von 19,5—21 m Länge wiedergegeben, die in ihrer Raumeinteilung für den Leser nicht nur interessant, sondern auch lehrreich sind. Fig. 56 bringt gleichzeitig den Besegelungsplan einer Jacht dieser Größe zur Anschauung, während Fig. 57 die Spantenschnitte des Fahrzeugs an den verschiedenen Stellen zeigt. Dieses Boot besitzt ebenso wie Fig. 59 zwei Maschinen und zwei Schrauben, sowie einen geräumigen Maschinenraum mit reichlicher Werkstatteinrichtung, ein Haupterfordernis für Boote, die für größere Seefahrten bestimmt sind. Das schöne, große Deck dieser Fahrzeuge bietet genügende und reichliche Bewegungsfreiheit für Eigner und Gäste. Alle Einzelheiten der Einrichtung sind aus den Plänen leicht zu ersehen.

Nachstehend seien nun noch einige Ansichten ausgeführter Jachten gegeben, um die bildmäßige Wirkung auf dem Wasser wiederzugeben. Der Motorseekreuzer Mária Márka wurde von der Daimler-Motoren-Gesellschaft, Zweigniederlassung Berlin-Marienfelde, kurz vor Kriegsausbruch nach Fiume geliefert und hat dort dem königl. ungarischen Gouverneur als Verkehrs- und Repräsentationsjacht gedient. Das Boot wurde in Holz bei der Ankerwerft in Berlin-Lichtenberg erbaut und wurde mit einen 45-PS-Daimler-Bootsmotor ausgestattet, welcher demselben eine Fahrtgeschwindigkeit von rund 10 Seemeilen in der Stunde erteilt. Die Raumanordnung zeigt in dem halb versenkten Kajüthaus zwei getrennte Kajütsalons und die Nebenräume, während das Aufbaudeck reichlich Platz für den Aufenthalt einer größeren Gesellschaft an Deck bietet. Der Steuerstand ist auf dem Oberdeck zwischen Motorraum und Kajüthaus angeordnet. Das Fahrzeug diente vor allem den üblichen Dienstfahrten in der Bucht von Guarnero und zum Verkehr nach dem nahe benachbarten Abazzia.

Fig. 61. Seefähige Motorjacht. 16,70×3×0,90 m.
(Anker-Werft, Berlin-Rummelsburg.)

Fig. 62. Motorseekreuzer „Müggel", erbaut im Kriege für das deutsche A.-O.-K. in Konstantinopel.

Fig. 63. Motorkreuzer „Mária Márka".
(Daimler-Motoren-Gesellschaft, Entwurf F. W. v. Viebahn.)

Fig. 65. Maschinenraum der „Mária Márka".

— 97 —

Fig. 66. Salon der „Mária Márka".

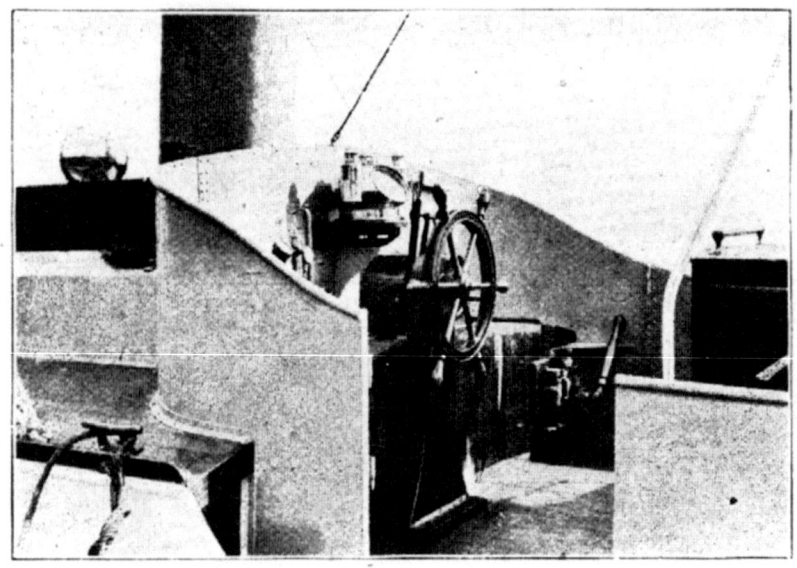

Fig. 67. Steuerstand der „Mária Márka".

V.
Die Ausrüstung.

Die Ausrüstungsfrage dürfte zu den wichtigsten gehören, die an den Eigner einer größeren Jacht herantreten können, zumal gerade auf diesem Gebiete ein etwas selbständiges Vorgehen, sofern die nötige Kenntnis vorhanden ist, sich ganz bedeutend rentiert.

Was man von der Werft mitbekommt, ist in den meisten Fällen nur das Allernotwendigste, in vielen Fällen bei weitem nicht ausreichend und kann auch immer nur Schablone sein. Andererseits aber ist es im eigensten Interesse des Eigners sehr wünschenswert, wenn er sich nicht ganz dem Bootsmann in die Hände zu geben braucht. Es dürfte daher unter diesen Verhältnissen durchaus angebracht sein, wenn wir die wesentlichsten Ausrüstungsgegenstände im einzelnen einer kurzen Besprechung unterziehen wollen.

Zur Ausrüstung gehören im allgemeinen:
1. Winden und Spille.
2. Anker und Ketten.
3. Pumpen.
4. Boote.
5. Rettungsgeräte.
6. Segel und Tauwerk.
7. Nautische Instrumente.
8. Flaggen.
9. Laternen und Lampen.
10. Materialvorräte.
11. Proviant.

Die Maschinenvorräte, sowie das in ihrem Bereiche notwendige Inventar bedürfen dagegen wohl kaum einer besonderen Besprechung.

1. Winden und Spille.

Die seemännische Bezeichnung Spill bedeutet eigentlich nichts anderes als der an Land gebräuchliche Ausdruck Winde, lediglich mit dem Unterschiede, daß die Drehungsachse des ersteren s e n k r e c h t e, die der letzteren w a g e r e c h t e Richtung besitzt. Im übertragenen Sinne wendet man den Namen „das Spill" oder das „Ankerspill" auf die Winde an, die zum „Lichten" (Aufwinden) des oder der Anker dient, und nennt die aufrecht stehenden Spille G a n g spille; deren besitzt ein großes Schiff gewöhnlich zwei oder drei, und zwar ist eins auf der Back (dem Vordeck) stehendes Spill zweiteilig und so zur Bewegung des Ankerspills u n d zum Einwinden von Trossen befähigt; die anderen, auf dem Oberdeck, dienen nur dem zuletzt genannten Zweck. Im allgemeinen wird man ja nun zwar noch auf Motorjachten recht ansehnlicher Größe imstande sein, den Anker mit der Hand aufzuholen, aber man sollte nicht nur auf jedem, nur einigermaßen großen Fahrzeug für den Anker eine Winde wenigstens in Reserve haben, sondern auch auf dem Achterdeck eine solche anbringen lassen. Es kann sehr leicht — z. B. bei Grundberührungen — eine Gelegenheit geben, in der man das Fehlen einer solchen Hilfe recht schmerzlich empfindet, und die modernen Konstruktionen beanspruchen so wenig Raum, daß sie beim Nichtgebrauch nirgends störend empfunden werden. Sollte auf dem Achterdeck absolut kein Platz sein, so sorge man wenigstens dafür, daß durch Blöcke eine derartige Leitung nach der Vorderwinde hergestellt werden kann, damit das Einwinden auch eines Heckankers in der Längsschiffsrichtung ermöglicht wird.

2. Anker und Ketten.

Anker und Ketten gehören mit zu den wichtigsten Ausrüstungsgegenständen für jedes Fahrzeug, das über die Binnengewässer hinaus Verwendung finden soll, und es sollte gerade für sie stets nur das allerbeste Material verwendet werden.

Die Form der gewöhnlichen Anker (s. Fig. 68) ist bekannt, sie bestehen aus dem, unten in zwei A r m e oder F l ü g e l auslaufenden S c h a f t, den H ä n d e n — die verbreiterten Enden der Arme — und dem S t o c k. Der letztere steht senkrecht zum Schaft und ist bei älteren Ankern von Holz, bei neueren von Eisen und oftmals b e w e g l i c h, d. h., er kann an dem Schaft beigeklappt werden. Berührt der fallende Anker den Grund, so fällt er um und stützt sich auf den Stock, der jedoch seinerseits sofort kantet (nach der Seite umfällt), wenn Zug auf die Kette kommt, wodurch sich die eine Hand des Ankers in die Erde gräbt. In der Neuzeit hat man mancherlei an der alten Ankerform geändert.

Bei P o r t e r s Anker sind die Arme am Schaft b e - w e g l i c h, so daß sich der nicht im Grunde eingegrabene flach an den Schaft anlegt, was in flachem Wasser sehr wertvoll sein kann, während bei den Patentankern von M a r t i n, S m i t h, I n g l e f i e l d, H a l l u. a. b e i d e Hände in den Grund greifen (s.

Fig. 69 und 70). Diese Patentanker haben k e i n e n
S t o c k, sie sind besonders bei Dampfern gebräuch-

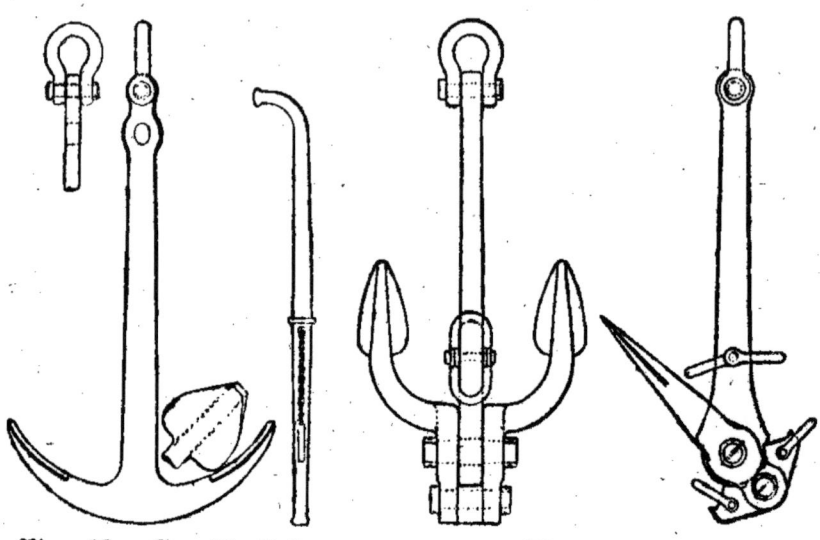

Fig. 68. Gewöhnlicher (Admiralitäts-)Anker.

Fig. 69. Inglefield-Anker.

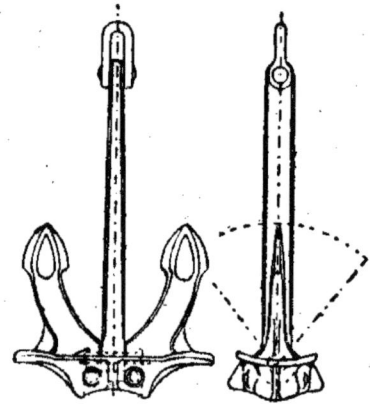

Fig. 70 Hall-Anker.

lich, für Segelschiffe haben sie einige Mängel und sind deshalb nur vereinzelt im Gebrauch.

Für Motorjachten, die, wenn auch im kleineren Maßstabe mit denselben Verhältnissen zu rechnen haben wie der Dampfer, empfiehlt sich die Anwendung von Patentankern durchaus. Sie halten besser als einarmige Anker, gestatten das Zu-Anker-Gehen auch in sehr flachem Wasser, und es ist nur darauf zu achten, daß sie mit Fahrt Grund fassen, das Fahrzeug also noch nicht völlig abgestoppt sein darf, wenn der Anker den Grund berührt.

In einen am oberen Ende des Ankerschaftes angebrachten Ring wird die Kette eingeschäkelt, über deren Konstruktion nichts Besonderes zu sagen ist. Es ist zweckmäßig, die Kette n i c h t zu k u r z zu nehmen, ein Verzinken (gegen Rost) ist durchaus angebracht.

3. Pumpen.

An Pumpen wird man in den meisten Fällen nur das gebrauchen, was von der Werft dem Fahrzeuge mitgegeben wird, ein näheres Eingehen hierauf dürfte also kaum erforderlich sein.

4. Boote.

Von der Bootsausrüstung kann dasselbe gelten. Hat man, was für große Fahrzeuge in Frage kommt, mehrere Boote an Bord, so empfiehlt sich die Ausrüstung des einen mit einem Motor. Für seegehende Jachten ist genügender Bootsraum, um im Notfalle der ganzen Besatzung das Verlassen der Jacht zu gestatten, natürlich ein unbedingtes Erfordernis. Eventuell kann man mit Nutzen F a l t b o o t e verwenden.

5. Rettungsgeräte.

Die Ausrüstung einer Jacht mit Rettungsgeräten richtet sich naturgemäß nach ihrem Verwendungsbereich. Für seegehende Jachten ist n e b e n einigen Schwimmgürteln das Mitführen e i n e r K o r k w e s t e f ü r j e d e P e r s o n an Bord u n b.e d i n g t erforderlich. Auf Binnengewässern genügen die Schwimmgürtel. Von diesen sind mindestens zwei **so aufzuhängen, daß sie jeden Augenblick über Bord geworfen werden können.** Die Schwimmwesten bewahrt am besten jedermann selbst auf, bzw. es wird über jeder Koje eine aufgehängt. Zu bemerken ist, daß Schwimmwesten häufig zu lüften sind, damit sie nicht stocken.

6. Segel und Tauwerk.

Auch hier ist wohl die Werftausstattung zunächst maßgebend und, vorausgesetzt, daß man die nötige Sorgfalt anwendet, wird sie auch nur in sehr mäßigem Umfange von Zeit zu Zeit der Ergänzung bedürfen. In Frage kommt für den Gebrauch auf Fahrzeugen dieser Art wohl höchstens **Manila- und Drahttauwerk. Von beiden nehme man stets nur das Beste, was bei ersten Firmen zu haben ist.**

Vergleich zwischen Hanf- und Draht-Tauwerk.
Es entspricht an Haltbarkeit:
Ein Drahttau von

$1^1/_2$ Zoll (engl.)	einem	Hanftau	von	$2-3$	Zoll
2 ,,	,,	,,	,,	$3^1/_2-4$	,,
$2^1/_2$,,	,,	,,	,,	$4^1/_2-5$	,,
3 ,,	,,	,,	,,	$5^1/_2-6$	,,
$3^1/_2$,,	,,	,,	,,	$6^1/_2-7$	,,
4 ,,	,,	,,	,,	$7^1/_2-8$	,,
$4^1/_2$,,	,,	,,	,,	$8^1/_2-9$	,,

Die **Brechkraft** ist für ein **Hanftau** von 3 Zoll = 3,0 Tons, von 6 Zoll = 10 Tons, von 9 Zoll = 22 Tons.

Hierzu ist jedoch zu bemerken, daß man ein Tau niemals über ein Drittel seiner Brechkraft hinaus beanspruchen sollte. Als ständige Arbeitsbelastung nehme man etwa $^1/_5$—$^1/_6$ der Brechkraft.

7. Nautische Instrumente.

Neben Kompaß und Sextant, die an anderer Stelle besprochen sind, sollten auf seegehenden Jachten mindestens vorhanden sein:

1 Fernrohr. | 1 gute verläßliche Uhr.
1 gutes Doppelglas | 1 Barometer.
(Nachtglas).

Sehr gute Dienste leistet bei Tage natürlich ein gutes Prismenglas, doch ist für die Dämmerung jedenfalls ein galiläisches Glas der größeren Lichtstärke halber sehr wünschenswert.

8. Flaggen.

An Flaggen sind an Bord erforderlich:
1 (bei längeren Reisen 2) Nationalflagge.
1 Klubstander.
1 Satz Signalflaggen.

Zur Aufbewahrung für die Flaggen empfiehlt sich für kleine Jachten eine Tasche mit Fächern, wie solche in den einschlägigen Geschäften zu haben sind. Selbstverständlich sind alle Flaggen vor dem Verstauen gut zu trocknen, falls sie Regen bekommen haben. (Flaggenführung s. Kap. VII.)

9. Laternen und Lampen.

Abgesehen von der Innenbeleuchtung sind nötig:
1 Satz Positionslaternen (grün, weiß, rot). } s. VII.
1 Ankerlaterne
3 rote Kugellaternen } (nur für seegehende Boote).
1 Kompasslampe

10. Materialvorräte.

Über die nötigen Materialvorräte läßt sich natürlich Allgemeines kaum sagen. Es gehören hierher Maschineninventar, Reservetauwerk, Handwerkszeug, für seegehende Boote ein Reserveanker, Raketen usw. Die mitzuführende Quantität richtet sich nach der Länge der Reisen. Man halte jedoch auf reichliches und gutes Inventar, das regelmäßig zu ergänzen ist.

11. Proviant.

Seegehende Jachten sind stets so auszustatten, daß, abgesehen von dem Gebrauchsproviant, ein „eiserner Bestand" an Bord ist, dessen Quantität den etwa möglichen Eventualitäten und der Personenzahl entsprechen muß. Hierzu wählt man selbstverständlich nur wirklich Bewährtes und Haltbares, wie beste Büchsenkonserven, Kakes oder guten Zwieback, Kaffee, Tee, Pfeffer, Salz, Zucker, Kognak oder Rum und die vielseitigen Maggischen Produkte. Letztere namentlich (Maggis Würze, -Suppenwürfel, gekörnte Fleischbrühe und -Bouillonwürfel) ermöglichen überall bequem und ohne Zeitverlust eine gute, schmackhafte Kost, und nahrhafte Suppe oder wärmende, belebende Bouillon erweist sich oft zweckmäßiger als Alkohol.

Kaffee, Tee, Suppenwürfel, Zwieback, Salz und ähnliche Feuchtigkeit anziehende Eßwaren bewahre man — jedes für sich — in Blechbüchsen auf. Von Zeit zu Zeit übernehme man diese Vorräte in den Gebrauchsproviant und ersetze sie im „eisernen Bestand" durch frische.

VI.
Seemannschaft und Manövrier= kunde.

Es ist natürlich nicht möglich, im Rahmen dieses Büchleins auch nur annähernd das zu geben, was der Begriff, der diesen Zeilen als Titel vorangesetzt ist, erfordert. Der Zweck dieses Kapitels kann und soll lediglich darin bestehen, dem angehenden „Jachtführer" die ersten theoretischen Winke und Anregungen zu geben, sowie das Wichtigste von dem zu besprechen, was der Führer eines Fahrzeuges wissen und beherrschen muß.

Nebenbei gesagt ist es schlechthin unmöglich, Seemannschaft aus Büchern zu erlernen! Ganz abgesehen davon, daß nur praktische Übung hier die unbedingt erforderliche Sicherheit geben kann, handelt es sich hier keineswegs nur um eine „W i s s e n s c h a f t", die zu erlernen ist, sondern um eine K u n s t, für die man ein gewisses T a l e n t mitbringen muß!

Als die wichtigsten Themen auf diesem Gebiete seien die folgenden herausgegriffen und im nachstehenden kurz besprochen:

1. Das Steuern.
2. Die Navigation.
3, Der Kompass.
4. Der Sextant.
5. Barometer.

6. Die Seekarten.
7 Das Logg.
8. Das Lot.
9. In schwerer See.

Wie nochmals betont sei, kann aber selbst in diesem bescheidenen Rahmen nur das Notwendigste angedeutet werden und muß im übrigen auf Spezialwerke verwiesen werden, obwohl diese natürlich wieder vieles enthalten, was für den Jachtführer nicht erforderlich erscheint.

1. Das Steuern.

Auf Segelfahrzeugen unterscheidet man bei dem Dienst am Ruder das S t e u e r n n a c h d e m K o m p a ß (Kurs-) und das n a c h d e m W i n d e (beim Windsteuern), für die Motorjacht kommt, wie beim Dampfer, naturgemäß im wesentlichen nur die erstere Methode in Betracht und sei des Steuerns am Winde nur kurz gedacht, zumal hier erstens die Erlernung durch die Praxis die allein ausschlaggebende Rolle spielt, zweitens aber die Besitzer von Auxiliarjachten meist Segler sein dürften, denen die bezüglichen technischen Handgriffe vertraut sind.

Die Wirkung des Ruders auf ein Schiff, um dies vorwegzunehmen, ist in folgender Weise zu erklären:

Solange der Schiffskörper sich in gerader Richtung fortbewegt, wird ein Wasserstrom in der Richtung von vorn nach hinten an seinen Seiten entlang gleiten und auf die Laufbahn des Fahrzeuges ohne Wirkung bleiben, solange das Ruder in der Mittschiffslinie liegt.

Sobald nun aber das Ruderblatt in seiner Stellung verändert wird, setzt es dem an der einen Schiffsseite vorbeiströmenden Wasser naturgemäß einen Widerstand entgegen, so daß dies das Ruderblatt und mit ihm das ganze Achterschiff f o r t z u d r ü c k e n b e s t r e b t s e i n w i r d. Das V o r d e r t e i l des Schiffes wird dadurch natürlich in entgegengesetzter R i c h-

tung abgelenkt, und zwar solange, bis
das Ruder wieder in die Mittschiffslage
zurückgebracht worden ist.

Die Steuereigenschaften eines Schiffes hängen also, wie der aufmerksame Leser schon hieraus entnehmen kann, von verschiedenen Dingen ab.

In erster Linie ist die G r ö ß e und F o r m des R u derblattes maßgebend, was für den praktischen Seemann zum Beispiel bei in B a l l a s t fahrenden Schiffen in Frage kommt. Da diese nicht so tief im Wasser liegen wie mit Ladung, so ist auch die Ruderfläche eine kleinere.

Zweitens richten sich die Steuereigenschaften eines Schiffes nach der F o r m d e s h i n t e r e n U n t e r wasserteiles, die je nach ihrer Schärfe den Zufluß des Wassers zum Ruder erleichtert oder erschwert, und drittens endlich spielt die F a h r g e schwindigkeit eine bedeutende Rolle, denn je größer diese ist, desto stärker ist auch der Wasserdruck auf das Ruderblatt.

Wie sich aus dem Gesagten ergibt, beruht wirklich gutes Steuern also keineswegs nur auf einer mechanischen Kenntnis der Handhabung des Ruderrades, sondern bedingt vielmehr ein sehr feines Gefühl für den Lauf des Schiffes, ein Gefühl, das nur durch die Praxis zu erwerben ist.

Theoretisch läßt sich höchstens feststellen, daß das Ruder stets so wenig wie möglich aus der Mittschiffslage zu bringen ist, da starke Ausschläge das Schiff unruhig machen. Das Steuern wird, abgesehen von einer notwendigen oder gewünschten Richtungsänderung notwendig, weil Wind, See und ungleichmäßige Fortbewegung den geraden Lauf des Schiffes stören, und es gilt dabei, diese Störungen gewissermaßen im v o r a u s z u f ü h l e n und sie durch l e i c h t e B e w e g u n g e n des Ruders zu p a r a l y s i e r e n.

Beim Kurssteuern nach dem Kompaß ist nun der als Kurs angegebene Strich der Kompaßrose mit dem schwarzen Steuerstrich des Gehäuses in Einklang zu bringen und das Schiff in dieser Lage zu halten.

Mehr als h ö c h s t e n s $1/4$ S t r i c h r e c h t s o d e r l i n k s d a r f d a s S c h i f f n i e v o m K u r s e a b w e i c h e n. Über das Steuern nach Landmarken usw. bedarf es wohl keiner besonderen Ausführungen, das Steuern in Seegang ist an anderer Stelle behandelt.

Wie aus dem Vorstehenden ohne weiteres ersichtlich sein dürfte, ist die genaue Kenntnis des Schiffes und seiner Eigenarten ein unbedingtes Erfordernis für gutes Steuern, und kein Jachteigner, der sein Fahrzeug selbst führen will, sollte versäumen, sich durch die entsprechenden Versuche über den D r e h k r e i s und die sonstigen Steuereigenschaften seines Fahrzeuges zu informieren.

„Am Winde" steuert man, wenn das betreffende Fahrzeug lediglich seine Segel zur Fortbewegung benutzt, der Wind aber aus einer derart ungünstigen Richtung kommt, daß man den Kompaßstrich, der zum Ziele führen würde, nicht anliegen kann. Ein näheres Eingehen hierauf würde jedoch den Rahmen dieses Buches überschreiten. Da bei größeren Jachten und bei längeren Touren der Eigner vielfach in die Lage kommen kann, als Schiffsführer zu fungieren, ohne selbst zu steuern, so seien zum Schluß noch die gebräuchlichen Ruderkommandos wiedergegeben, die besonders auch bei Auslandsreisen, wenn ein Lotse an Bord ist, von Wichtigkeit sein dürften.

Für unter Segel allein befindliche Fahrzeuge ist der Wind so wichtig, daß auch die Kommandos für das Steuern ihn berücksichtigen.

Man sagt also „Luv!"*) oder (das Gegenteil) „Halt ab!"

Nach der Bewegung des Rades bei der Ausführung dieser Befehle sagt man auch:

„Nieder das Ruder!" (für „Luv"),
„Auf das Ruder!" (für „Halt ab"),
„Ruder in Lee" ist ein Kriegsschiffkommando.

Bei Segelschiffen im Tau eines Schleppers und bei Dampfern, also auch Motorbooten, kommandiert man die Seiten und es gibt — leider — drei verschiedene Arten für diese Kommandos.

Das älteste und wohl noch immer am häufigsten gebrauchte Kommando lautete: „Steuerbord!" („Steuerbord das Ruder!" [engl. „Starboard!"]) und „Backbord!" („Backb. d. R.!" [engl. „Port!"]) in dem Sinne, daß die nach vorn zeigende Pinne nach der befohlenen Seite zu legen, das Rad also auf das Kommando „Steuerbord!" nach Backbord zu drehen sei, nach welcher Seite dann auch das Schiff drehen muß! — Dies alte Kommando wurde von der Kriegsmarine dahin abgeändert, daß dieselben Worte beibehalten, aber auf die Drehung des Rades angewendet wurden und einige große Reedereien (Lloyd und Hamburg-Amerika-Linie) akzeptierten diese Neue-

---
*) Luv — im Gegensatz zu Lee — die Seite, von der der Wind kommt.

rung, setzten aber an Stelle des Wortes „Steuerbord!" und „Backbord!" die sinnentsprechenden: „Rechts!" und „Links!"

So gab es in der Handelsflotte zwei Ruderkommandos, bis vor etwa 12—13 Jahren nach endlosen vergeblichen Einigungsverhandlungen ein Teil der deutschen Reeder das Marinekommando als drittes einzuführen beschloß!

Soll die Drehung rasch erfolgen, so setzt man dem Befehl das Wort „hart" hinzu; also: „Hart Steuerbord!" („Hart rechts!") oder „Luv — hart an den Wind!" usw.

Bemerkenswert ist, daß im Auslande (Dänemark, Schweden, England usw.) überall das alte Kommando gebraucht wird. Am besten erkundigt man sich hiernach, sobald ein Lotse das Schiff übernimmt.

2. Die Navigation.

Die Aufgaben der Navigation sind in Kürze folgendermaßen zusammenzufassen:
1. In jedem beliebigen Augenblicke durch astronomische oder terrestrische Beobachtungen den Standort eines Schiffes zu bestimmen und auf der Karte festzulegen (als Schnittpunkt eines Meridians und eines Breitengrades);
2. den Weg des Schiffes von diesem Punkt zu einem beliebigen anderen (dem Bestimmungsorte) zu ermitteln.

Gewissermaßen als das Handwerkszeug für die Lösung dieser Aufgaben dienen die an anderer Stelle besprochenen Instrumente und Karten, und es bliebe mithin hier eine Besprechung über ihre Anwendung übrig.

Von den oben festgelegten Aufgaben des Navigateurs dürfte die erste zweifellos die schwierigere sein, und auf die (auf hoher See allein anwendbare) astronomische Navigation, die den Schiffsort durch Bestimmung von Länge und Breite, ermittelt durch Gestirnsbeobachtung, mit dem Sextanten, feststellt, können wir hier auch unmöglich eingehen. Wohl aber sei die Navigation in Sicht von Land, die, nebenbei gesagt, auch für kürzere Reisen in offener See ausreicht, kurz besprochen.

Die Ortsbestimmung in Sicht einer Landmarke (Leuchtturm usw.), deren Lage auf der Karte bekannt ist, kann auf folgende Arten erfolgen:

1. Peilung (Ermittlung der Kompaßrichtung durch Visieren) des betreffenden Gegenstandes und Schätzung des Abstandes. Eine solche Schätzung ist immer sehr unzuverlässig, da die Beschaffenheit der Luft selbst den geübtesten Beobachter sehr leicht täuschen kann. Einen kleinen Anhalt für solche Schätzungen gewährt die nachstehend wiedergegebene Tabelle.

Sichtweite eines Feuers in Seemeilen.

Höhe des Feuers in Metern	Augenhöhe in Metern				Höhe des Feuers in Metern	Augenhöhe in Metern			
	3	6	9	12		3	6	9	12
	Sm.	Sm.	Sm.	Sm.		Sm.	Sm.	Sm.	Sm.
5	8,3	9,8	10,9	11,9	30	15,1	16,6	17,8	18,8
10	10,3	11 8	12,9	13,9	35	16	17,6	18,7	19,7
15	11,7	13,3	14,4	15,4	40	16,9	18,4	19,6	20,5
20	13	14,5	15,7	16,6	45	17,7	19,2	20,4	21,3
25	14,1	15,6	16,8	14,7	50	18,5	20	21,1	22,1

2. **Durch Peilung** einer Landmarke in Verbindung mit einer **Lotung**. Es kann dies auch als Ergänzung der ersterwähnten Methode dienen.

Eine sorgfältigere Methode ist

3. **Die Kreuzpeilung.** Hierzu sind **zwei** Landmarken erforderlich, die man unmittelbar hintereinander peilt. Der Schnittpunkt beider Peilungslinien ist der Schiffsort.

Des weiteren ist es auch noch möglich, den Abstand von nur **einem** Objekt dadurch zu errechnen, daß man mit Hilfe des Sextanten den Vertikalwinkel feststellt. Bekannt muß dann — was z. B. bei Leuchttürmen stets der Fall ist — die Höhe der betr. Marke über Wasser sein.

Die **zweite** gegebene Aufgabe, die Kursbestimmung von einem als Schiffsort gegebenen Punkt zu einem beliebigen anderen dürfte an Hand der Karte einfach zu lösen sein und kaum einer besonderen Erläuterung bedürfen. Wie nächst dem Kompaß Logg und Lot allein die Navigation über kürzere Strecken ermöglichen, wird bei der Besprechung dieser Apparate erwähnt werden.

3. Der Kompaß.

Hängt man eine Magnetnadel so auf, daß sie sich frei bewegen und drehen kann, so stellt sie sich sofort in eine bestimmte Richtung, die (mißweisende, d. h. mit dem geographischen Begriff nicht genau übereinstimmende) Nord-Südrichtung, und diese Eigenschaft bedingt den großen Wert des Kompasses.

Der Schiffskompaß nun besteht aus dem **Kessel**,

der R o s e, der P i n n e und dem Ringsystem der sogenannten kardanischen Aufhängung.

Der Kessel, aus Messing, ist kreisrund und am Boden mit Blei ausgegossen. An seiner, mit weißer Farbe gestrichenen Innenseite befinden sich, ihn genau halbierend, also sich diametral gegenüberliegend, zwei senkrechte, schwarze Linien, die S t e u e r -

Fig. 71.
Kompaßrose mit Strich- und Gradeteilung.

s t r i c h e. Ein genau passender Glasdeckel verschließt den Kessel.

Die R o s e (Fig. 71) ist eine kreisrunde, der Größe des Kessels angepaßte Scheibe aus Papier oder Glimmer, die folgende Einteilung trägt:

Zwei aufeinander rechtwinklig stehende Durchmesser teilen die Scheibe in vier gleiche Teile und tragen an ihren Endpunkten die Bezeichnungen N o r d, O s t, S ü d und W e s t. Dies sind die vier Hauptpunkte des Kompasses, welche also auf dem Scheiben-

— 116 —

umfange je 90 Grad voneinander entfernt liegen. Die zwischen diesen Punkten liegenden Viertelkreise werden nun in je acht gleiche Teile, S t r i c h e, geteilt, die wieder in h a l b e und V i e r t e l s t r i c h e zerfallen. Der ganze Kreis der Scheibe enthält sonach $4 \times 8 = 32$ g a n z e S t r i c h e. Die Bezeichnungen dieser Strichteilung sind, von Norden durch Osten gezählt, folgende:

N	O	S	W
$N\frac{1}{4}O$	$O\frac{1}{4}S$	$S\frac{1}{4}W$	$W\frac{1}{4}N$
$N\frac{1}{2}O$	$O\frac{1}{2}S$	$S\frac{1}{2}W$	$W\frac{1}{2}N$
$N\frac{3}{4}O$	$O\frac{3}{4}S$	$S\frac{3}{4}W$	$W\frac{3}{4}N$
N z O	**O z S**	**S z W**	**W z N**
$NzO\frac{1}{4}O$	$OSO\frac{3}{4}O$	$SzW\frac{1}{4}W$	$WNW\frac{3}{4}W$
$NzO\frac{1}{2}O$	$OSO\frac{1}{2}O$	$SzW\frac{1}{2}W$	$WNW\frac{1}{2}W$
$NzO\frac{3}{4}O$	$OSO\frac{1}{4}O$	$SzW\frac{3}{4}W$	$WNW\frac{1}{4}W$
NNO	**OSO**	**SSW**	**WNW**
$NNO\frac{1}{4}O$	$SOzO\frac{3}{4}O$	$SSW\frac{1}{4}W$	$NWzW\frac{3}{4}W$
$NNO\frac{1}{2}O$	$SOzO\frac{1}{2}O$	$SSW\frac{1}{2}W$	$NWzW\frac{1}{2}W$
$NNO\frac{3}{4}O$	$SOzO\frac{3}{4}O$	$SSW\frac{3}{4}W$	$NWzW\frac{1}{4}W$
NO z N	**SO z O**	**SW z S**	**NW z W**
$NO\frac{3}{4}N$	$SO\frac{3}{4}O$	$SW\frac{3}{4}S$	$NW\frac{3}{4}W$
$NO\frac{1}{2}N$	$SO\frac{1}{2}O$	$SW\frac{1}{2}S$	$NW\frac{1}{2}W$
$NO\frac{1}{4}N$	$SO\frac{1}{4}O$	$SW\frac{1}{4}S$	$NW\frac{1}{4}W$
NO	**SO**	**SW**	**NW**
$NO\frac{1}{4}O$	$SO\frac{1}{4}S$	$SW\frac{1}{4}W$	$NW\frac{1}{4}N$
$NO\frac{1}{2}O$	$SO\frac{1}{2}S$	$SW\frac{1}{2}W$	$NW\frac{1}{2}N$
$NO\frac{3}{4}O$	$SO\frac{3}{4}S$	$SW\frac{3}{4}W$	$NW\frac{3}{4}N$
NO z O	**SO z S**	**SW z W**	**NW z N**
$NOzO\frac{1}{4}O$	$SSO\frac{3}{4}O$	$SzW\frac{1}{4}W$	$NNW\frac{3}{4}W$
$NOzO\frac{1}{2}O$	$SSO\frac{1}{2}O$	$SWzW\frac{1}{2}W$	$NNW\frac{1}{2}W$
$NOzO\frac{3}{4}O$	$SSO\frac{1}{4}O$	$SWzW\frac{3}{4}W$	$NNW\frac{1}{4}W$
ONO	**SSO**	**WSW**	**NNW**
$ONO\frac{1}{4}O$	$SzO\frac{3}{4}O$	$WSW\frac{3}{4}W$	$NzW\frac{3}{4}W$
$ONO\frac{1}{2}O$	$SzO\frac{1}{2}O$	$WSW\frac{1}{2}W$	$NzW\frac{1}{2}W$
$ONO\frac{1}{4}O$	$SzO\frac{1}{4}O$	$WSW\frac{3}{4}W$	$NzW\frac{1}{4}W$

O z N	S z O	W z S	N z W
O¾N	S¾O	W¾S	N¾W
O½N	S½O	W½S	N½W
O¼N	S¼O	W¼S	N¼W

In neuerer Zeit wendet man auch für den Kompaß die Gradeinteilung an, wonach also der Umfang der Rose in 360 Grad eingeteilt wird.

Ein Strich ist also $\frac{360}{32} = 11^{1}/_{4}$ Grad.

Wünschenswert ist eine Gradeinteilung neben der Strichteilung bei Peilkompassen (s. weiter unten).

An Stelle einer Magnetnadel verwendet man bei Schiffskompassen gewöhnlich 2 oder 4 Magnetstäbe, die an der Unterseite der Rose einander parallel befestigt sind, und es dreht sich also die ganze Rose innerhalb des Kessels, nicht, wie bei den bekannten Taschenkompassen, eine Nadel auf der Rose.

Der Mittelpunkt der Rose wird durch ein kleines hohlgeschliffenes, hartes Steinchen (Saphir oder Rubin), das Hütchen, eingenommen, das auf der Stahlspitze der zentrisch im Boden des Kompaßkessels stehenden Pinne ruht.

Für Jachten und kleinere Fahrzeuge überhaupt empfiehlt sich die Anwendung eines Fluidkompasses, bei dem die Rose auf einer Flüssigkeit (Glyzerin, Alkohol usw.) schwimmend ruht. Sie sind, was bei dem heftigen Arbeiten kleiner Fahrzeuge sehr wesentlich ist, erheblich stetiger als der einfache Kompaß, was eine nicht unbedeutende Erleichterung für den Steuernden bedeutet.

Der Kompaß dient in der Hauptsache dazu, die

Richtung anzugeben, nach welcher das Schiff zu steuern ist. Außerdem wird er auch zum Peilen benutzt. Unter Peilen versteht man die Bestimmung der Richtung, nach welcher hin irgendein Gegenstand (z. B. Seemarke) vom Kompaß aus liegt. Um eine Peilung zu nehmen, stellt man sich mit dem Auge so, daß man, genau über die Mitte der Rose hinwegzielend, den Kompaßstrich abliest, in dessen Verlängerung der Gegenstand erscheint.

Zur Bequemlichkeit und Erhöhung der Genauigkeit versieht man einen, natürlich möglichst hoch und frei aufgestellten besonderen Peilkompaß mit einer Visiervorrichtung.

Wie schon eingangs bemerkt, zeigt die Magnetnadel jedoch nicht genau nach dem geographischen Pol, sondern nach einem (übrigens durch den Nordpolfahrer James Roß ermittelten) anderen Punkte, dem sogenannten **magnetischen Nordpol**.

Die Korrektur dieser Abweichung, sowie derjenigen, die sich etwa durch lokale magnetische Einflüsse ergibt, gehört ebenfalls zu den notwendigen Kenntnissen des Seemannes, doch kann dies hier füglich übergangen werden.

4. Der Sextant.

Der Sextant gehört zu den wichtigsten Instrumenten, deren der Navigateur bedarf, und jeder Jachteigner, der überhaupt die See aufsuchen will, sollte sich mit seiner Handhabung wenigstens so weit vertraut machen, um ihn gelegentlich zu Entfernungsmessungen usw. gebrauchen zu können. Zu bemerken ist jedoch, daß Winkelmessungen von Bord kleiner

Fahrzeuge aus fast nie oder doch nur von sehr gewandten Beobachtern mit der nötigen Genauigkeit ausgeführt werden können, sobald nur einigermaßen Seegang herrscht. Für Touren von nicht allzulanger Dauer ist der Sextant aber auch durchaus nicht unbedingt notwendig, wenn er auch stets ein wertvolles Hilfsmittel sein wird.

5. Barometer.

Zweck und Gebrauch des Barometers, sowie sein Wert speziell für die Wetterbestimmung dürfte bekannt sein, bemerkt sei dagegen, daß man für den Gebrauch an Bord ein besonders eingerichtetes **Seebarometer** gebraucht, sowie, daß dasselbe **kardanisch aufzuhängen** ist.

6. Das Logg.

Das Logg ist ein Apparat, um die **Fahrgeschwindigkeit** des Schiffes zu messen und insofern von besonderer Wichtigkeit für die Navigation, als es die wenigstens annähernde Bestimmung des Schiffsortes gestattet, wenn man außer Sicht von Land keine Beobachtungen mit dem Sextanten machen kann oder will.

Man ermittelt in diesem Falle den Schiffsort aus der, natürlich möglichst häufig festzustellenden **Geschwindigkeit** und dem vom letzten, genau bekannten Punkte aus **gesteuerten Kurs**. Man nennt dies — natürlich nie ganz genaue — Resultat, bei welchem natürlich auch eine etwaige **Strömung** besonders zu berücksichtigen ist, **das gegißte Besteck**.

Das alte, auf Segelschiffen noch heute fast ausschließlich gebrauchte Logg besteht aus einem dreieckigen, an seinem unteren Rande mit Blei beschwerten Holzbrett, welches, eben infolge der Beschwerung, aufrecht im Wasser steht. An diesem Brett ist die Loggleine derart befestigt, daß sie bei **s t a r k e m Z u g e** nur noch an der oberen Ecke hängenbleibt, für gewöhnlich aber das Brett in seiner senkrechten Stellung beläßt.

Diese Leine ist auf eine leicht drehende Rolle gewickelt und wird, nachdem das Brett über Bord geworfen ist, so lange auslaufen gelassen, als eine hierfür vorhandene Sanduhr dies angibt.

Laufzeit dieser Sanduhr (Loggglas) und an der Leine angebrachte Marken (Knoten) stehen in einem solchen Verhältnis zueinander, daß die Anzahl der in dieser Zeit gelaufenen **K n o t e n** der Anzahl der **S e e m e i l e n i n e i n e r S t u n d e** entspricht. Es ist also **f a l s c h**, zu sagen: Ein Schiff läuft 10 Knoten in der **S t u n d e**!

In neuerer Zeit hat man verschiedene Arten von **P a t e n t l o g g s** konstruiert, die für eine Motorjacht, deren Fortbewegung wie beim Dampfer nahezu konstant ist, sehr zweckmäßig sind. Ihre Konstruktion basiert im wesentlichen darauf, daß ein länglicher, mit einer beweglichen Schiffsschraube ausgerüsteter Körper dauernd von dem Schiffe geschleppt wird. Die Drehung der Schraube überträgt sich auf ein Uhrwerk, von dem die gelaufene Distanz abgelesen wird.

7. Das Lot.

Das Lot dient zum Messen der Wassertiefe, wie sie auf den Seekarten zahlreich angegeben ist. Es besteht aus einem, an langer, mit entsprechender Einteilung versehener Leine befestigten Bleigewicht, das unten mit einer Höhlung versehen ist. Beim Gebrauch wird die letztere mit Talg gefüllt, um 'eine Probe des ebenfalls aus der Karte ersichtlichen Grundes mit heraufzubringen. Auch das Lot ermöglicht sonach eine annähernde Ortsbestimmung. Auf deutschen Karten sind die Tiefen in Metern angegeben.

8. Die Seekarten.

Die Seekarte soll dem Seemann in derselben Weise zur Orientierung dienen, wie dem Touristen oder Soldaten die Spezialkarte eines Landteiles.

Sie enthält daher im wesentlichen die genauen Konturen aller Küsten und Inseln, welche der von ihr dargestellte Meeresteil umspült, sowie diejenigen Landmarken (Leuchttürme, Gebäude usw.), die von See aus sichtbar sind und durch charakteristische Formen eine Orientierung erleichtern. Ferner sind Feuerschiffe und sonstige Seezeichen eingezeichnet, sowie Wassertiefen und Beschaffenheit des Meeresgrundes angegeben, soweit sie durch Lotungen ermittelt sind.

Alle Seekarten sind in **Merkatorscher Projektion** gezeichnet, d. h. also, alle größten Kreise erscheinen als **gerade Linien**. In die Karten eingezeichnete Kompaßrosen dienen zur Kursbestimmung. Man unterscheidet: **Übersichts-, Segel-, Küsten-, Spezialkarten** und **Pläne**.

Ein sehr wesentlicher Teil der Navigation, der eigentlich ein, wenn nicht **mehrere** Kapitel für sich bilden müßte, ist die eigentliche **Handhabung des Fahrzeuges**, besonders

9. In schwerer See.

Es gehört zu den vielen Dingen, die dadurch nicht richtiger werden, daß man sie häufig wiederholt, wenn man von den „Gefahren" spricht, denen eine relativ kleine Jacht auf der See ausgesetzt ist.

Tatsache ist vielmehr, daß man selbst mit einem offenen Boot jedes Wetter aushalten kann, was es überhaupt gibt, wenn die Führung in einer sicheren und geschickten Hand liegt. Als ultima ratio ist in solchem Falle das Abreiten des Sturmes vor einem Treib- oder Seeanker zu betrachten, den man aus einer Spiere mit einem daran befestigten Segel oder ähnlichem leicht und schnell herstellen kann.

Allerdings, — ein recht zweifelhaftes Vergnügen bleibt die Sache, besonders wenn man anfangen muß, an der Wasserdichtigkeit selbst der eigenen Haut zu zweifeln und die Frage nach einem Glase Grog oder einer Tasse Kaffee den Betreffenden in den Verdacht bringt, nicht ganz richtig im Oberstübchen zu sein. Was aber die Gefahr angeht, so ist sie im ganz offenen Boot entschieden geringer, als in dem modernen deutschen Flußboot mit seinem, die Stabilität erheblich vermindernden Glaskasten von Kajüte. Ist das Fahrzeug dagegen wasserdicht in der Art der amerikanischen Boote eingedeckt, so könnte es an sich ruhig den Ozean kreuzen, wenn die Rücksicht auf Vorratsräume usw. dem nicht Grenzen setzte. Auch an Behaglichkeit fehlt es nicht, und die nötige Geschicklichkeit in der Handhabung des kardanisch aufgehängten Primuskochers gewöhnt man sich sehr bald an.

Die Gefahr für einen Dampfer oder, in unserem

Falle, für eine Motorjacht liegt vielmehr in seiner **Fortbewegung** resp. in seiner **Stellung zu den anrollenden Seen** und dürfte in praxi am meisten in Erscheinung treten, wenn das Fahrzeug entweder direkt gegen Wind und See angeht, oder vor den Wellen herläuft. Schwere See von der Seite ist freilich ebenfalls gefährlich, aber — — „sie geht gewöhnlich auf die Nerven", d. h., man überschätzt aus naheliegenden Gründen die Gefährlichkeit der Situation und sucht ihr durch Veränderung der Position zu begegnen. **Gegen** die See darf man nun laufen, wohlverstanden aber mit **langsam laufender Maschine und mit einer sicheren und bewährten Hand am Ruder, in jedem Fall aber vermeide man ein Davonlaufen vor der See**, wenn das Wetter wirklich ernsthaft stürmisch ist!

Es ist die gefährlichste Situation, in die ein derartiges Fahrzeug überhaupt kommen kann!

Das Steuern eines Fahrzeuges im Seegang gehört dabei ebenfalls zu den Dingen, die sich aus Büchern nun einmal nicht erlernen lassen. Es ist — das mache man sich vor allem klar — ein stetiger Kampf zwischen der See und dem Schiff, der sich hier abspielt, und Aufgabe des Steuernden bleibt es, dies letztere zu unterstützen und ihm durch geeignete Ruderlage die Möglichkeit zu gewährleisten, jeder anrollenden See in der günstigsten Position zu begegnen. Daraus folgt einerseits, daß der Dienst am Ruder unter solchen Verhältnissen keine Sinekure ist, sondern die gespannteste Aufmerksamkeit erfordert — man sorge für regelmäßige Ablösung des Steuernden in nicht zu langer Zeit —, andererseits aber, daß nur vollständig ausgebildete, ruhige Leute in schlechtem Wetter an das Ruder gehören.

Ganz besondere Sorgfalt erheischt die Schiffsführung natürlich, wenn Arbeiten an Deck notwendig werden sollten, und man mache sich von vornherein klar, daß das Auffischen eines über Bord Gegangenen von einer kleinen Jacht bei wirklichem Sturm nahezu unmöglich ist.

Daß eingehende theoretische Regeln über die Handhabung eines Schiffes in schwerer See nur einen sehr bedingten Wert haben können, dürfte schon aus diesen kurzen Ausführungen hervorgehen. Eine ausreichende Praxis — das kann nicht oft genug betont werden — gehört unbedingt dazu, wenn man hier wirklich etwas lernen soll, zumal man beim besten Willen kein derartiges Handbuch auswendig lernen kann und zum Nachschlagen meist die Zeit mangeln dürfte.

Man unternehme daher nichts, dessen man nicht unbedingt sicher ist, gewöhne sich aber von vornherein an zwei Dinge, nämlich an Schnelligkeit und Entschlossenheit in allen Lagen. Ein guter Schiffsführer darf nie ein Kommando korrigieren! Was daraus in erster Linie folgt, nämlich, daß er sein Fach unbedingt beherrschen muß, versteht sich wohl von selbst.

VII.
Flaggenführung und Zeremoniell.

Für die Flaggenführung auf Jachten bestehen, abgesehen von den bekannten, **gesetzlichen** Vorschriften ganz bestimmte Normen, von denen abzuweichen nicht als „sportlich" gilt. Eine im Dienst befindliche Jacht führt:
1. Die **Nationalflagge** (Jachten des Kaiserl. Jachtklubs und des Segelklubs „Rhe" führen evtl. die ihnen verliehenen Abzeichen in der Flagge).
Die Nationalflagge hat in Sicht von Land tagsüber (d. h. von [8 bzw. 9] Uhr morgens bis Sonnenuntergang) **stets**, dagegen **nicht** in einer **Wettfahrt** zu wehen. In See muß die Flagge gesetzt werden, wenn man ein Kriegsschiff trifft.
2. **Den Klubstander.**
Der Klubstander weht Tag und **Nacht**, solange das Fahrzeug in Dienst steht und der Eigner eingeschifft ist.
3. **Eine Rennflagge.**
Wird nur in einer Wettfahrt gesetzt.

Flaggengala: Nationalflagge und Stander wie immer. Die Signalflaggen vom Vorsteven bzw. Bugspriet über die Masttoppen zum Heck.

Mehrere Klubstander: Werden in besonderen Fällen mehrere Klubstander gesetzt, so sollen dieselben **nebeneinander an einem Mast** wehen.

Besondere Flaggen: Nach einer offenen Wettfahrt setzt die Jacht entsprechend der Zahl der an diesem Tage gewonnenen Preise ihre Rennflagge als Preisflagge im Großtopp.

Bei anderen Gelegenheiten, z. B. nach dem Abschluß einer Wettfahrtreihe, nach oder bei der Rückkehr in den Heimatshafen usw., dürfen die Preisflaggen im Großtopp untereinander gesetzt werden, entsprechend der Zahl der im laufenden Jahre in offenen Wettfahrten gewonnenen Preise.

Im Hafen oder vor Anker liegende Jachten können eine kleine Flagge an der Nock der Sahling hissen. Es bedeutet eine blaue rechteckige Flagge an der Steuerbord-Großsahling: „Eigner nicht an Bord!"; eine weiße Flagge an derselben Stelle: „Der Eigner nimmt seine Mahlzeit ein!"

Das Führen von Phantasieflaggen, Namensflaggen usw. ist durchaus unsportmäßig.

Der Flaggengruß: Die Begrüßung von Jachten untereinander geschieht durch einmaliges „Dippen", d. h. Halbniederholen und Vorheißen der Nationalflagge.

Ein Kriegsfahrzeug, welches auf See oder im Hafen angetroffen wird, ist entweder in derselben Weise oder durch Vorbeifahrt mit gesenkter Flagge zu grüßen.

Bei einem Geschwader erstreckt sich der Gruß nur auf das Admiralsschiff.

Flaggen am Lande werden nicht gegrüßt.

Ehrenbezeugungen erfolgen durch Halbniederholen

der Nationalflagge und des Standers, beide werden erst nach der Vorbeifahrt wieder vorgeheißt.

Bei Ehrfurchtserweisungen nimmt außerdem die Besatzung die Kopfbedeckung ab.

Wenn eine Jacht auf einen Ankerplatz kommt, auf welchem sich andere Jachten befinden, so hat die einkommende Jacht zuerst zu grüßen. Der Gruß darf unterbleiben, wenn Segelmanöver ihn unausführbar machen.

Salutieren mit Böllern ist nicht gebräuchlich.

Trauer: Als Zeichen der Trauer wird die Flagge halbstocks und der Stander in der Höhe der Sahling gesetzt.

Nur vor Anker wird getrauert. Die Trauer dauert bis zur Beendigung der Beisetzung.

VIII.
Das Signalwesen.

Das Bedürfnis einer Verständigung von Schiff Schiff hat schon frühzeitig zu dem Gebrauch von Si nalflaggen und -Zeichen geführt, denn das gesproche Wort versagt, trotz künstlicher Hilfsmittel in Gest von Sprachrohren usw., schon bei verhältnismäß kleinen Entfernungen. Das heute geltende

Internationale Signalbuch, das an Bord einer jeden Jacht zu finden sein soll die über den Bereich der Binnengewässer hinausgeh will, enthält außer dem sogenannten Signalbuc wimpel 26 Wimpel und Flaggen, deren jede e weder einen Buchstaben des Alphabets oc eine Zahl bedeutet.

Des weiteren bedeuten eine einzelne Flag oder eine Gruppe von 2, 3 oder 4 Flagg einen bestimmten Satz.

Es ist dies insofern sehr wesentlich, als man durch in der Lage ist, eine große Anzahl wichtig Sätze (Fragen, Antworten, Mitteilungen usw.) jed Schiffe, gleichviel welcher Nationalität, zu üb mitteln.

So sagt also z. B. die Flaggengrup P. T. in allen Sprachen: „Ich wünsc einen Lotsen!"

Das Signalisieren geschieht nun in folgender We

Internationales Signalbuch.
Signalflaggen

A 1	H 8	O 55	V 00
B 2 Pulverflagge.	I 9	P 66 Blauer Peter.	W 000
C 3 Ja!	J 10	Q 77	X 0000
D 4 Nein!	K 11	R 88	Y 00000
E 5	L 22	S 99 Wünsche Lootsen!	Z 000000
F 6	M 33	T 100	Signalbuch- und Antwortwimpel. Unter Nationalflagge = Signalbuchwimpel. Als Antwortwimpel allein geheisst. Vorgeheisst = Verstanden! Halbgeheisst = Gesehen!
G 7	N 44	U 0	

VIII.
Das Signalwesen.

Das Bedürfnis einer Verständigung von Schiff [zu] Schiff hat schon frühzeitig zu dem Gebrauch von Si[g]nalflaggen und -Zeichen geführt, denn das gesproche[ne] Wort versagt, trotz künstlicher Hilfsmittel in Gest[alt] von Sprachrohren usw., schon bei verhältnismäß[ig] kleinen Entfernungen. Das heute geltende

Internationale Signalbuch,

das an Bord einer jeden Jacht zu finden sein soll[,] die über den Bereich der Binnengewässer hinausgeh[en] will, enthält außer dem sogenannten Signalbuc[h]wimpel 26 Wimpel und Flaggen, deren jede e[nt]weder einen Buchstaben des Alphabets o[der] eine Zahl bedeutet.

Des weiteren bedeuten eine einzelne Flag[ge] oder eine Gruppe von 2, 3 oder 4 Flagg[en] einen bestimmten Satz.

Es ist dies insofern sehr wesentlich, als man [so] durch in der Lage ist, eine große Anzahl wichtig[er] Sätze (Fragen, Antworten, Mitteilungen usw.) jede[m] Schiffe, gleichviel welcher Nationalität, zu üb[er]mitteln.

So sagt also z. B. die Flaggengrup[pe] P. T. in allen Sprachen: „Ich wünsc[he] einen Lotsen!"

Das Signalisieren geschieht nun in folgender We[ise]

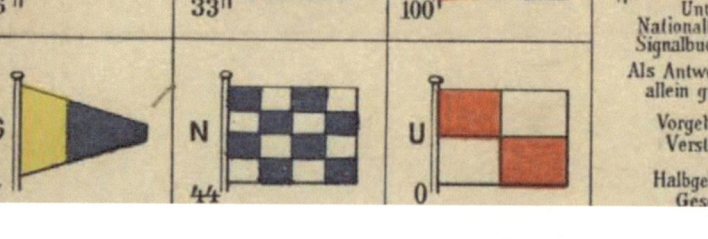

Will ein Schiff, „A", einem anderen, „B", ein Signal geben, so heißt es seine **Nationalflagge und unter derselben den Signalbuchwimpel**, worauf „B" den **Signalbuchwimpel**, jedoch **nicht bis an den Flaggenknopf**, sondern etwa auf $^2/_3$ Höhe (in Dipp) heißt, was bedeutet, daß er die Absicht von „A" verstanden hat und dessen Signale erwartet. A signalisiert nun nach dem Signalbuch weiter, d. h., er zeigt B Gruppen von Flaggen (nie mehr als 4), deren Bedeutung B in seinem Signalbuch angegeben findet.

Ist das Signal abgelesen, so heißt B den Signalbuchwimpel **dicht vor**, und gibt damit zu verstehen, daß er das Signal verstanden hat, kann er es nicht entziffern, so läßt er den Wimpel in der Dipp wehen.

Enthält das Signal eine **Frage**, so heißt B entweder die antwortenden Flaggengruppen, oder, wenn nur die Antwort „Ja" notwendig ist, die Einzelflagge „C", wenn die Antwort „Nein" lautet, die Flagge „D".

Selbstverständlich hat man die wichtigsten Signale mit möglichst **wenig Flaggen** auszudrücken gesucht und enthält daher die Gruppe der **Zweiflaggensignale** im wesentlichen **Not- und Warnungssignale**, sowie sonstige, sehr wichtige Mitteilungen und Fragen.

Zum Beispiel bedeutet das jedem Seemann geläufige Signal „N. C.", „**Ich bitte um sofortige Hilfe!**"

Will, um bei obigem Beispiel zu bleiben, A nun seinem Gegenüber **Zahlen** mitteilen, so heißt er den **Signalbuchwimpel mit der Flagge** „M" darunter, was besagt, daß jede nachkommende Flagge Zahlenbedeutung besitzt.

Wir geben nachstehend die Zahlenbedeutung der einzelnen Flaggen wieder:

A = 1.	H. = 8.	O. = 55.	V. = 00.
B. = 2.	I. = 9.	P. = 66.	W. = 000.
C. = 3.	J. = 10.	Q. = 77.	X. = 0000.
D. = 4.	K. = 11.	R = 88.	Y. = 00000.
E. = 5.	L. = 22.	S. = 99.	Z. = 000000.
F. = 6.	M. = 33.	T. = 100.	
G. = 7.	N. = 44.	U. = 0.	

Das Signal A. Z. hinter dem obenerwähnten würde also bedeuten 1 000 000 = eine Million.

Der Signalbuchwimpel über Flagge N stellt das Dezimalzeichen dar; will A also signalisieren 13,25, so heißt er nacheinander:

    I. Gruppe (seemännisch „ein Heiß") Signalbuchwimpel über M. = „Das folgende Signal ist als Zahl zu lesen".
    II.   „   Flaggen A. und C. = 13.
    III.   „   Signalbuchwimpel über N. = Dezimalzeichen (Komma).
    IV.   „   Flaggen B. und E. = 25.
    V.   „   Signalbuchwimpel über O. = „Das Zahlensignal ist zu Ende".

Heißt das signalisierende Schiff nach dem Anruf oder auch während des Signalisierens das Signal Signalbuchwimpel über E., so bedeutet dies, daß jede folgende Flagge ihre alphabetische Bedeutung hat. Es läßt sich also jeder Satz

buchstabieren, und zwar sind dabei folgende Regeln zu beachten:
1. Ein Heiß soll nie mehr als 4 Flaggen enthalten. Worte von mehr als 4 Buchstaben sind also zu teilen.
2. Kommt in einem Wort ein Buchstabe **mehrfach** vor, so ist dasselbe ebenfalls in mehrere Gruppen zu zerlegen, in deren jeder er nur einmal steht.

Soll z. B. buchstabiert werden: „**Hoch Deutschland!**", so ist zu heißen:
  I. Signalbuchwimpel über E. = „Das folgende Signal ist zu buchstabieren!"
  II. H. O. ⎫ = Hoch ⎰ (geteilt wegen des doppelt vor-
  III. C. H. ⎭   ⎱   kommenden H.)
  IV. Signalbuchwimpel über F. = „Ende eines Wortes."
  V. D. E. U. T. ⎫
  VI. S. C. H. L. ⎬ Deutschland.
  VII. A. N. D. ⎭

Hierauf folgt noch entweder Gruppe IV (Wortende) oder **Signalbuchwimpel über G.** = „Das alphabetische Signal ist beendet!"

Zwischen einem Schiffe und seinem Schlepper ist eine Reihe von Signalen mit **einer Flagge** möglich; dieselbe ist dabei **mit den Händen über der Reeling zu zeigen** (z. B. Flagge B. = „Die Schlepptrosse ist fest!").

Es existieren ferner noch andere Signalmethoden, mit **Semaphor, Winkflaggen** usw., auf die wir jedoch nicht eingehen können, zumal sie, ebenso wie die **Nachtsignale**, im wesentlichen für die Kriegsmarine in Frage kommen.

9*

IX.
Aus der Praxis für die Praxis.

1. Das Straßenrecht auf See.

Das durch internationale Vereinbarungen geschaffene Straßenrecht auf See regelt die Führung von Laternen bzw. Signalkörpern, aus deren Stellung, Form und Farbe die Fahrtrichtung bzw. auch die Manövrierungsfähigkeit eines Fahrzeuges einem begegnenden Schiffe erkennbar wird, und bestimmt, wie in bezug auf das Ausweichen in jedem einzelnen Falle zu verfahren ist, sowie welche Signale bei unsichtigem Wetter (Nebel) an die Stelle der Laternen zu treten haben. Zu bemerken ist, daß, wie eigentlich wohl selbstverständlich, für das Motorfahrzeug die für **Dampfer** geltenden Vorschriften maßgebend sind.

Für das **Ausweichen der Schiffe** gelten folgende Bestimmungen:

1. Ein **Dampfer** geht jedem **Segelschiff** aus dem Wege.

2. Das überholende Schiff geht dem überholten aus dem Wege.

3. Kommen zwei Dampfer auf gerade entgegengesetzten Kursen einander nahe, so daß dadurch Gefahr des Zusammenstoßes entsteht, so weichen beide nach ihrer Steuerbordseite aus.

4. Kreuzen sich die Kurse zweier Dampfer, so daß dadurch Gefahr des Zusammenstoßes entsteht, so hat

derjenige aus dem Wege zu gehen, der den anderen an seiner Steuerbordseite hat.

5. Das mit raumem Wind segelnde Schiff geht dem bei dem Wind segelnden aus dem Wege.

6. Begegnen sich zwei beim Wind segelnde Schiffe, so behält dasjenige, welches den Wind von Steuerbord erhält (mit Steuerbordhalsen segelt) s e i n e n K u r s b e i, während das andere nach Steuerbord abfällt.

7. Haben zwei Schiffe raumen Wind von verschiedenen Seiten, so geht das Schiff aus dem Wege, welches den Wind von Backbord ein hat.

8. Haben zwei Schiffe raumen Wind von derselben Seite, so muß das luvwärts befindliche Schiff aus dem Wege gehen.

9. Das vor dem Winde segelnde Schiff geht jedem anderen Segelschiff aus dem Wege.

10. Segelschiffe in Fahrt müssen fischenden Segelfahrzeugen aus dem Wege gehen.

Für die L i c h t e r f ü h r u n g d e r S e e s c h i f f e bestehen folgende Vorschriften:

Es führen:

1. S e g e l s c h i f f e in Fahrt:

1 grünes Licht an Steuerbord (rechts),
1 rotes Licht an Backbord (links),
1 weißes Licht am Heck (hinten).

Die S e i t e n l i c h t e r sollen von der Richtung g e r a d e a u s n a c h v o r n b i s z u z w e i S t r i c h e h i n t e r d i e Q u e r r i c h t u n g auf zwei S e e m e i l e n Entfernung sichtbar sein. Das H e c k l i c h t soll e i n e S e e m e i l e sichtbar, in gleicher Höhe wie die Seitenlichter angebracht sein und darf n i c h t v o n v o r n gesehen werden können. Dampfer, welche ohne die Maschine zu benutzen, aber mit aufgerichtetem Schornstein fahren, zeigen bei Tage vorn einen schwarzen Ball, nach allen Seiten gut sichtbar.

2. **Dampfer in Fahrt:**
Seitenlaternen wie Segelschiffe,
Hecklaterne wie Segelschiffe,
1 festes weißes Licht (Topplicht) am vorderen Mast.

Das Topplicht zeigt ein unterbrochenes Licht von zwei Strich hinter der Querrichtung einer Seite bis ebensoweit auf der anderen Seite. Vorgeschriebene Sichtweite fünf Seemeilen.

Es darf noch ein zweites Topplicht (Richtlicht) in der Kiellinie hinter dem ersten geführt werden, und zwar muß es mindestens 4 m über dem vorderen und soweit hinter ihm angebracht sein, daß die horizontale Entfernung größer als die vertikale ist.

3. **Dampfer schleppend:**
Wie unter 2, unter der Topplaterne jedoch eine zweite von denselben Eigenschaften, wenn der Schleppzug unter 180 m lang ist. Wird diese Länge überschritten, oder zugleich mehr als ein Schiff geschleppt, zwei Topplaternen unter der ersten.

Gestattet ist noch eine kleine Steuerlaterne hinter dem Schornstein, die aber nur nach hinten sichtbar sein darf.

4. **Manövrierunfähiges Fahrzeug:**
Seitenlaternen wenn das Schiff Fahrt hat, sonst nur zwei rote, über den ganzen Horizont sichtbare Kugellaternen übereinander. Bei Tage zwei schwarze Bälle.

5. **Kabelleger in Tätigkeit:**
Seitenlaternen wie bei 4, sonst drei Lichter wie unter 4 untereinander in den Farben Rot — Weiß — Rot. Bei Tage: Roter Ball — weißer, rautenförmiger Körper — roter Ball.

6. **Lotsenfahrzeuge im Dienst:**
a) Dampfer: Seitenlaternen, wenn in Fahrt ein weißes und $2^1/_2$ m darunter ein rotes Licht (ringsum sichtbar).

b) Segler: Weißes Licht (ringsum sichtbar) am Mast. Seitenlaternen werden bei Annäherung an ein Schiff vorübergehend gezeigt.

Dampfer wie Segler geben außerdem alle 15 Minuten ein Flackerfeuer ab.

7. **Fischdampfer:**
Eine dreiteilige vorn weiße, nach Backbord rote, nach Steuerbord grüne Laterne vorn am Mast. Darunter weißes Licht, ringsum sichtbar.

Ist das Netz nicht ausgebracht, gilt der Fischdampfer einfach als Dampfer.

8. **Segel-Fischerfahrzeug:**
Weißes Licht, ringsum sichtbar. Bei Annäherung von Fahrzeugen wird auf Steuerbordhalsen fischend ein grünes, auf Backbordhalsen fischend ein rotes Kunstfeuer gezeigt.

9. **Geschleppte Fahrzeuge:**
Seitenlaternen und Hecklicht.

10. **Schiffe vor Anker:**
Eine weiße, ringsum sichtbare Laterne, vorn ca. 6 m über dem Rumpf. Ist das Schiff länger als 45 m, sind zwei solche Lichter zu führen, das eine vorn in einer Höhe zwischen 6 und 12 m über dem Rumpf, das andere am Heck $4^1/_2$ m niedriger als das andere Licht.

11. **Schiffe auf Grund:**
Ankerlaterne wie 10 und zwei rote Lichter wie 4.

Bei **unsichtigem Wetter, Nebel** usw. treten folgende Schallsignale in Kraft. Für vorstehende Nrn.:

1. Wind von **Steuerbord** ein, mindestens jede Minute ein Ton mit Nebelhorn.
Wind von Backbord ein, mindestens jede Minute zwei Töne mit Nebelhorn.
Wind **achterlicher** als Dwars, drei Töne mit dem Nebelhorn.

2. Mindestens alle zwei Minuten:
Maschine **voraus**gehend, ein langer Ton mit Dampfpfeife.
Maschine **gestoppt** und keine Fahrt durch das Wasser zwei lange Töne mit Dampfpfeife.

3. }
4. } Mindestens alle zwei Minuten Tongruppe:
5. }   lang, kurz, kurz.

6. Je nach Art wie andere Dampfer oder Segler.
7. Mindestens jede Minute ein langer Ton mit Dampfpfeife, darauf Läuten der Glocke.
8. Wie 7, mit Nebelhorn statt der Pfeife.

9. Mindestens alle zwei Minuten Tongruppe: lang, kurz, kurz.
10. ⎫ Mindestens jede Minute fünf Sekunden lang
11. ⎭   rasches Läuten mit der Glocke.

Lange Töne sind solche von vier bis sechs Sekunden Dauer, kurze von einer Sekunde Dauer; Die Schallsignale werden gegeben:

von Schiffen unter Dampf fahrend (auch durch andere maschinelle Kraft fortbewegten) mit der Dampfpfeife oder Sirene;

von Schiffen unter Segel und geschleppten Fahrzeugen mit dem Nebelhorn.

Ankersignal: ist fünf Sekunden lang rasches Läuten der Glocke.

Schallsignale für Fahrzeuge, welche einander ansichtig sind (dürfen im Nebel nicht eher gegeben werden, als bis die Fahrzeuge sich sichten):

Ein kurzer Ton: „Ich richte meinen Kurs nach Steuerbord!"

Zwei kurze Töne: „Ich richte meinen Kurs nach Backbord!"

Drei kurze Töne: „Meine Maschine geht volle Kraft zurück!"

Als Notsignale dienen:

1. Kanonenschüsse in Zwischenräumen von ungefähr einer Minute abgefeuert.
2. Beständiges Tönen irgendeines Nebelsignalapparates.
3. Das Signal N. C. des internationalen Signalbuches.

4. Fernsignal: Ball oder etwas, was einem Ball ähnlich sieht über oder unter viereckiger Flagge, oder, statt der Flagge Kegel mit der Spitze nach oben.
5. Brennende Teertonnen bzw. ähnliche Leuchtkörper.
6. Raketen und Leuchtbomben, in der Luft mit lautem Knall platzend und Leuchtkugeln von beliebiger Art und Farbe werfend. Einzeln in kurzen Zwischenräumen abzufeuern.

Ein nicht mehr offizielles, aber jedem Seemann verständliches Notsignal ist ferner die **Flagge in Schau** (verkehrt oder mit einem Knoten darin geheißt).

2. Leuchtfeuer und Lotsenwesen.

Die Kenntnis des Leuchtfeuerwesens gehört naturgemäß zu den unentbehrlichsten Kenntnissen für einen Schiffsführer, aber ein näheres Eingehen hierauf würde den verfügbaren Raum bei weitem überschreiten. Es kann daher nur eine kurze Charakteristik der verschiedenen Feuer gegeben und für weiteres auf die einschlägigen Spezialwerke verwiesen werden.

Um die einzelnen Leuchtfeuer zu kennzeichnen, hat man die verschiedensten Arten eingeführt, und zwar:

1. **Feste Feuer** (abgek.: f. F.). Ununterbrochen und von gleichbleibender Lichtstärke.
2. **Feste Feuer mit einer oder mehreren Blinken.**
3. **Blinkfeuer.** Das Feuer nimmt allmählich bis zur größten Lichtstärke zu und ebenso bis zur Verdunkelung wieder ab.

4. **Gruppenblinkfeuer.** Mehrere Blinkfeuer zu einer Gruppe vereinigt.
5. **Blitzfeuer.** Zeigen starke Lichtblitze. Gewöhnlich mit festem Feuer vereinigt.

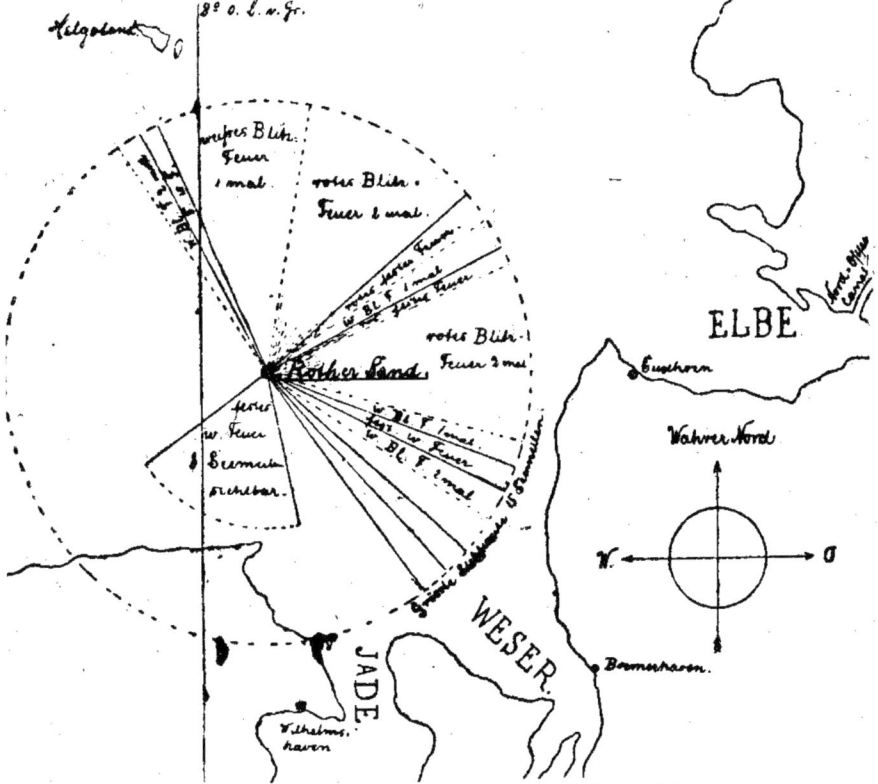

Fig. 72. Feuerfeld des Rothesand-Leuchtturmes.

6. **Gruppenblitzfeuer.** Mehrere Blitzfeuer zu einem System vereinigt.
7. **Funkelfeuer.** Viele kurze Blitze.
8. **Unterbrochene Feuer.** Feste Feuer, die plötzlich verschwinden und nach einer Pause ebenso plötzlich und in gleicher Stärke wieder erscheinen.

Hierzu tritt eine Verschiedenheit in der **Farbe des Feuers**, wodurch eine große Anzahl von Kombinationen möglich wird und

9. das **Wechselfeuer**, abwechselnd rot, weiß und grün (oder auch nur zweifarbig) erscheinend.

Im übrigen s. Fig. 72. Als Ersatz für die festen Leuchttürme, die an erster Stelle unter den Leuchtfeuern stehen, dienen Feuerschiffe und Leuchtbojen, hohle, gasgefüllte Blechkörper mit einer Laterne, die natürlich ununterbrochen brennt.

Für Nebel usw. sind Leuchttürme und Feuerschiffe mit akustischen Signalen ausgerüstet, auch sind Heul- und Glockenbojen vorhanden (s. d. Seekarten).

Das Lotsenwesen dient der Sicherheit der Schiffahrt in hohem Maße. Man **fordert** einen Lotsen:

I. **Bei Tage** durch:

  a) Die am Fockmast geheißte Lotsenflagge (meist Nationalflagge mit weißem Rand).

  b) Das Signal P. T. des internationalen Signalbuches.

  c) Die Flagge S des internationalen Signalbuches (allein oder Signalbuchwimpel darüber).

II. **Bei Nacht** durch:

  a) Blaufeuer alle 15 Minuten.

  b) Ein unmittelbar über der Reeling zu zeigendes helles weißes Licht; mit kurzen Zwischenräumen etwa eine Minute hindurch sichtbar.

3. Seezeichen (Tonnen und Baken).

Baken und Tonnen sind Seezeichen, die gewissermaßen eine Ergänzung der Leuchttürme und Feuerschiffe darstellen. Während die ersteren, deren Form und Art aus der Zeichnung ersichtlich ist, als **Richtungsmarken** dienen, bezeichnen die Tonnen sowohl das Fahrwasser, wie — je nach Form und Farbe — einzelne gefährliche Stellen in demselben, kurz, sie geben für das ein- oder auslaufende Schiff den Wegweiser von bzw. nach See zu ab.

Im übrigen muß auf die Karten und Segelanweisungen verwiesen werden.

Besonders sorgfältig informiere man sich auf **Flüssen**, wo leider sehr häufig recht verschiedenartige Systeme von Fahrwasserbezeichnungen zur Anwendung gelangen..

4. See-Rettungswesen.

Wenn auch gerade dies Thema ziemlich außerhalb des Rahmens dieses Werkchens stehen dürfte, scheint es doch empfehlenswert, auch ihm einen bescheidenen Platz einzuräumen.

Die ersten Schritte auf dem Wege, der zu dem heutigen Stande des Seerettungswesens geführt hat, sind von England getan, woselbst sich nach mancherlei Versuchen im Jahre 1824 in London der Verein „Institution for the Preservation of Life from Shipwreck" bildete, dessen Protektorat der damalige König Georg IV. selbst übernahm.

Die „**Deutsche Gesellschaft zur Rettung Schiffbrüchiger**" wurde im Mai 1865

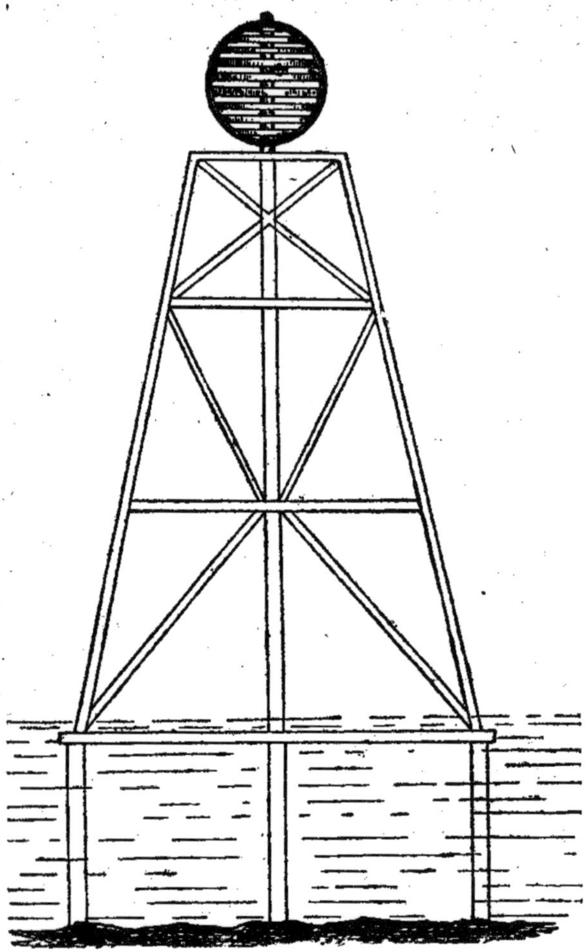

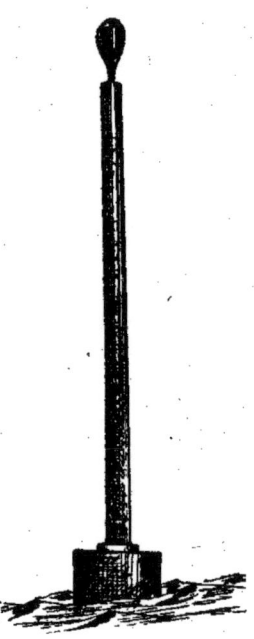

Fig. 73. Bake.

Fig. 74. Spierentonne.

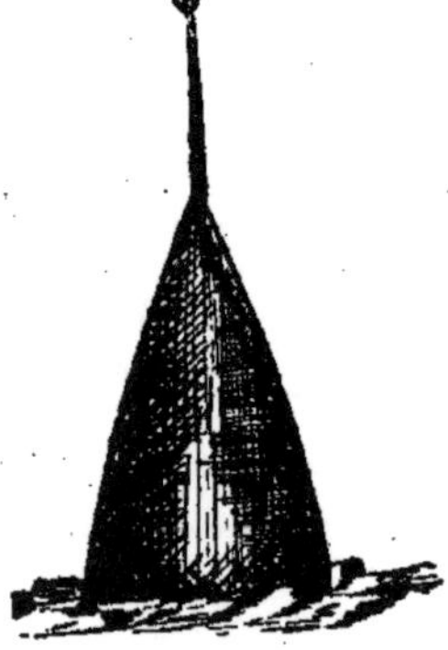

a. Spitze Tonne.   Fig. 75.   c. Stumpfe Tonne.
　　　　　　　b. Kugeltonne.

gegründet und unterhielt bereits im Jahre 1898 an unseren Küsten 121 Stationen.

Die Tätigkeit bei Bergung von Personen ergibt sich am besten aus den nachstehenden Vorschriften:

Wenn ein Schiff an den deutschen Küsten in kurzer Entfernung vom Ufer strandet und das Leben der Mannschaft dadurch gefährdet ist, wird der letzteren, wenn irgend möglich, vom Ufer aus auf folgende Weise Beistand geleistet werden:

a) Eine Rakete, an der eine dünne Leine befestigt ist, wird über das Schiff hingeschossen. Diese Leine muß so rasch wie möglich erfaßt und festgehalten werden. Ist dies geschehen, so muß einer von der Mannschaft beiseite treten und, wenn es Tag ist, seinen Hut, seine Hand, eine Flagge oder ein Tuch schwenken; ist es Nacht, so muß eine Rakete oder ein Blaufeuer angezündet oder eine Kanone abgefeuert werden, oder man zeigt eine Laterne und läßt sie wieder verschwinden. Alles dies dient als Signal, daß die Leine gefaßt ist.

b) Wenn dann die Schiffsmannschaft einen der am Ufer befindlichen Leute seitwärts von den übrigen eine rote Fahne schwenken sieht, oder wenn ihr zur Nachtzeit ein rotes Licht gezeigt wird, das dann wieder verschwindet, so muß sie die vorerwähnte dünne Leine einholen, bis sie einen Steertblock daran befestigt findet, durch welchen ein endloser Läufer (Jolltau) geschoren ist.

c) Dieser Steertblock ist am Mast ungefähr acht Fuß unter der Sahling zu befestigen oder — falls die Masten nicht mehr stehen — an dem höchsten festen Gegenstande auf dem Schiffe. Sobald der Block festgemacht ist, muß wieder einer von der Mannschaft beiseite treten und das unter a) beschriebene Signal geben.

d) Sobald das Signal vom Lande gesehen ist, wird durch die Leute am Lande ein starkes Tau (Rettungstau) an den Läufer (Jolltau) befestigt und vom Lande aus an Bord gezogen werden.

e) Wenn dies dicke Tau (Rettungstau) an Bord gezogen ist, muß die Mannschaft dasselbe sogleich ca. 18 Zoll oberhalb des Steertblockes, womöglich mit diesem an demselben Schiffsteile, befestigen und dabei Sorge tragen, daß der Läufer (Jolltau) klar von dem anderen Tau bleibt.

f) Wenn das dicke Tau (Rettungstau) in solcher Weise an Bord befestigt ist, muß der Läufer (Jolltau) von dem dicken Tau losgemacht und, wenn dies geschehen ist, das unter a) beschriebene Signal wiederholt werden.

g) Die Leute am Lande werden dann das Tau straff anholen und an demselben vermittelst des Läufers eine Hosenboje an Bord ziehen; in diese hat sich die Person, welche ans Land gezogen werden soll, zu setzen, und zwar mit den Beinen in die Hose und die Arme über die Boje legend. Alsdann muß abermals einer von der Mannschaft beiseite treten und den Leuten am Lande das unter a) beschriebene Signal geben. Die Leute am Ufer werden dann die Boje ans Land holen, und nachdem die Boje gelandet ist, leer wieder ans Schiff ziehen. Dies Verfahren wiederholt sich, bis alle Personen gerettet sind.

h) Es kann zuweilen der Fall sein, daß das Wetter und der Zustand des Schiffes die Befestigung des dicken Rettungstaues nicht zulassen; in solchen Fällen wird die Hosenboje vermittelst des Läufers (Jolltau) hingezogen und die Schiffbrüchigen werden dann in der Hosenboje vermittelst des Jolltaues durch die Brandung geholt, anstatt längs des Rettungstaues.

Die Kapitäne und Mannschaften gestrandeter Schiffe müssen hierbei stets vor Augen haben, daß ihre Rettung nur bei eigener Besonnenheit und bei strenger Befolgung der oben angegebenen Vorschriften gelingen kann.

Die Vorschriften in betreff der zu gebenden S i g n a l e müssen b e s o n d e r s g e n a u befolgt werden. Liegt das Schiff zu weit von Land ab oder stehen der Benutzung des Raketenapparates andere Hindernisse entgegen, so erfolgt die Rettung des Bootes.

S e l b s t v e r s t ä n d l i c h sind F r a u e n und K i n d e r z u e r s t z u b e r g e n!

5. Wind und Wetter.

Der Sturmwarnungs- und wettertelegraphische Dienst liegt der d e u t s c h e n S e e w a r t e in H-a m b u r g ob. Sie sammelt täglich die Mitteilungen über Luftdruck, Windrichtung und -Stärke, Temperatur und Niederschläge von etwa 100 Stationen und teilt die Ergebnisse mit einer „Übersicht der Witterung" und kurzen Voraussagungen telegraphisch mit. Das Hafentelegramm bezieht sich auf 8 Uhr morgens und wird etwas nach Mittag in den Wetterkästen der Hafenorte angeschlagen. Es hängen stets die drei letzten Hafentelegramme zugleich aus.

Die H a f e n t e l e g r a m m e d e r O s t s e e erhalten täglich: Memel, Pillau, Hela, Neufahrwasser, Stolpmünde, Rügenwaldermünde, Kolbergermünde, Stettin,

Gr.-Ziegenort, Swinemünde, Wolgast, Stralsund, Wustrow, Warnemünde, Wismar, Travemünde, Lübeck, Kiel, Aarösund, Flensburg, Apenrade.

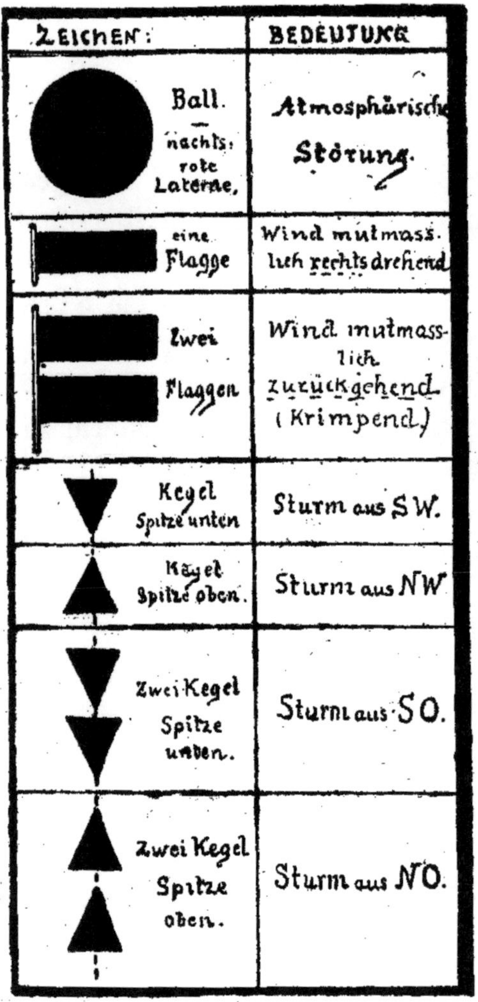

Die Hafentelegramme der Nordsee erhalten täglich: Borkum, Norderney, Nesserland, Emden, Papenburg, Leer, Helgoland, Wilhelmshaven, Elsfleth, Brake, Bremerhaven, Vegesack, Nordenham, Wyk auf Föhr, Geestemünde, Kuxhaven, Bremen, Büsum, Tönning, Brunsbüttelkoog, Glückstadt, Brunshausen, Altona, Altenwerder, Hamburg.

Zeichen:		Bedeutung
●	Ball. nachts: rote Laterne.	Atmosphärische Störung.
▬	eine Flagge	Wind mutmasslich rechts drehend
▬▬	zwei Flaggen	Wind mutmasslich zurückgehend (Krimpend.)
▼	Kegel Spitze unten	Sturm aus SW.
▲	Kegel Spitze oben.	Sturm aus NW.
▼▼	Zwei Kegel Spitze unten.	Sturm aus SO.
▲▲	Zwei Kegel Spitze oben.	Sturm aus NO.

Fig. 67. Sturmwarnungssignale.

Alle Hafentelegramme enthalten außer einer chiffrierten Tabelle Bemerkungen über die Lage, Höhe und Tiefe der barometrischen Maxima und Minima, die Winde im Kanal u. an der deutschen Küste u. über das Wetter insbesondere an der deutschen Küste, in geeigneten Fällen auch Mitteilungen über den wahrscheinlichen Verlauf der Witterung.

Die H. für die Nordsee enthalten tabellarische Wetterangaben von Stornoway, Shields, Malin Head, Scilly, Helder, Borkum, Helgoland, Sylt (Keitum), Skagen, Skudesnaes und Aberdeen, die H. für die Ostsee solche von Skudesnaes, Sylt (Keitum), Kiel, Swinemünde, Rügenwaldermünde, Neufahrwasser, Memel, Skagen, Kopenhagen, Wisby, Bornholm und Stockholm.

Sturmwarnungssignale s. Fig. 76.

6. Wichtige Maße.

1 Meter (m) ist $= \frac{1}{10\,000\,000}$ des Erdmeridianquadranten (kürzester Bogen vom Pol zum Äquator).
1 Seemeile (Sm) = 1852,01 oder rund 1852 m.
Meilenmaße:

Geographische Meile 15=1 Gr. des Äquators	Engl. Statute Mile 5280 Fuß (engl.)	Russ. Werst 3500 Fuß (russ.)	Kilometer (1000 m)	Seemeilen	Engl. geogr. M. 60 = 1 Gr. d. Äquators (auch in Italien)	Engl. Admiralty-Knot	Schwedische bzw. Norweg. Meilen (10000 m)
1	4,6109	6,9558	7,4204	4,0067	4	4,0043	0,742
0,2169	1	—	—	—	—	—	—
0,1438	—	1	—	—	—	—	—
0,1348	—	—	1	—	—	—	—
0,2496	—	—	—	1	—	—	—
0,2500	—	—	—	—	1	—	—
0,2497	—	—	—	—	—	1	—
0,3476	—	—	—	—	—	—	1

Tabelle zur Verwandlung von engl. Zoll,
Fuß und Faden in Meter.

Zoll	Fuß	Faden	Meter	Zoll	Fuß	Faden	Meter
1	—	—	0,0254	11	—	—	0,2794
2	—	—	0,0508	12	5	—	0,3048
3	$1/4$	—	0,0762	—	$1^1/_2$	$1/4$	0,4572
4	—	—	0,1016	—	2	—	0,6096
5	—	—	0,1270	—	3	$1/2$	0,9144
6	$1/2$	—	0,1524	—	4	—	1,2192
7	—	—	0,1778	—	$4^1/_2$	$3/4$	1,3716
8	—	—	0,2032	—	5	—	1,5240
9	$3/4$	—	0,2286	—	6	1	1,8288
10	—	—	0,2540	—	—	—	—

7. Die Wellenberuhigung durch Öl.*)

Jedes Fahrzeug, welches in die Lage kommen kann, schwerer See oder Brandung zu begegnen, soll mit Öl ausgerüstet sein, um, wo es die Sicherheit erheischt, zur Beruhigung der See verwendet zu werden. Man wähle animalisches, am besten Fischöl, bei Ermangelung eines solchen jedes andere Öl (von Mineralölen rohe, ungereinigte Sorten); dem dickflüssigeren ist der Vorzug vor dem dünnflüssigen zu geben, mit Ausnahme bei sehr kalten Temperaturen, wo das erstere gerinnt. Im Sturme ist pro Stunde bei zweckmäßiger Einrichtung auf einen Verbrauch bei kleinen Schiffen von $1/2$ l, bei großen von 4 l zu rechnen. Das Öl wird in kleine Segeltuchsäcke gefüllt. Durch Versuche an einem Sack, der mit Öl gefüllt ausgehängt wird, ist festzustellen, daß das Zeug das Öl

---

*) S. die Denkschrift des Kaiserl. Reichs-Marine-Amtes:
„Anleitung für den Gebrauch von Öl zum Glätten der See."

langsam hindurchläßt; ist dies nicht der Fall, so ist anderer Stoff zu nehmen oder sind mit einer Segelnadel über den ganzen Sack verteilt kleine Löcher anzubringen. Die Bootsölsäcke sind mit den Bootsausrüstungsgegenständen zusammen aufzubewahren. Zum Gebrauch werden die Säcke so angebracht, daß sie bei aufrechter Lage des Schiffes gerade über der Wasseroberfläche hängen. Der Ölverbrauch ist nach den Umständen zu regeln durch losere oder festere Wergfüllung und durch Anzahl und Größe der Durchlochungen. Ist das Öl in den Säcken verbraucht, wovon man sich durch Aufholen überzeugt, so fülle man dieselben wieder, oder bringe besser einen neuen Reservesack aus, noch ehe der erste vollständig leer ist.

Die örtliche Anbringung der Säcke richtet sich natürlich nach den Umständen, die sich aus der Lage des Fahrzeuges zur See ergeben. Die Wirkung des Öls beruht auf der ihm anhaftenden Eigenschaft, auf dem Wasser sich auszudehnen und eine dünne Schicht zu bilden.

Innerhalb einer solchen Ölschicht tritt eine Dämpfung der See derart ein, daß die Brechseen sich legen und an Stelle der schäumenden, brandenden Wellenköpfe eine mehr oder weniger glatte Dünung tritt, während außerhalb der Ölschicht der Zustand der See unverändert bleibt. Am wirksamsten ist Öl auf freiem Wasser, wo der Wind allein die Wellen erzeugt, weniger in Brandungen, auf seichtem Boden und Untiefen, wo noch andere Kräfte in die Bewegung der Wasserteile eingreifen. Zur Erklärung hat man die Wirkung des Öls einerseits auf die durch die Ölschicht gebildete glatte Fläche zurückgeführt, welche die

Wasserfläche dem Einfluß des Windes entzieht, so daß dieselbe dem letzteren keine Angriffspunkte zur Erzeugung der Wellenkämme bietet; andererseits auf eine durch die Ölhaut erzeugte Änderung der Oberflächenspannung, wodurch die Wasserfläche größere Widerstandsfähigkeit gegen Zerreißen erhält, andererseits die Form der Wellen selbst geändert wird.

8. Im Boot.

1. Ein gewöhnliches Schiffsboot ist in ein Rettungsboot zu verwandeln, indem man leere, gut verschlossene Gefäße (z. B. Öltanks, Fässer usw.) unter die Duchten (Bänke) lascht.
2. Man gewöhne sich daran, **unter keinen Umständen in einem Boote zu stehen.**
3. Läßt man ein Boot von Bord aus zu Wasser, so achte man darauf, daß eine Fangleine an Deck fest ist, die das Abtreiben verhindert. Auch ist dafür zu sorgen, daß das Ruder (Steuer) fest ist.
4. **Auf See gehören in ein Boot** (außer der vollständigen Ruder- bzw. Segelausrüstung):
   1 Ößfaß (zum Ausschöpfen von Wasser).
   1 Eimer.
   1 Pfropfen (mit Bändsel befestigt).
   1 lange, dünne Leine.
   1 Laterne nebst Feuerzeug.
   1 Satz Handraketen.
   Lebensmittel (Proviant und Wasser).
   1 Bootskompaß.
   1 Flagge.
5. Das **Aussetzen** des oder der Boote in schwerer See wird mit Hilfe von Öl stets glatt

vonstatten gehen. Beim Einbooten verteile man vorher die Personen, das Manöver soll schnell, aber o h n e H a s t geschehen.
6. Beim L a n d e n beachte man, daß jede Brandung von See aus u n t e r s c h ä t z t wird.

9. Das Äußere der Jacht.

Das Äußere der Jacht ist ihre Visitenkarte. Es ist nicht mehr üblich, Schmuck oder auffällige Verzierungen usw. anzubringen, aber eine Jacht soll in Farbe und Lack s t e t s bis in das kleinste Detail tadellos sauber sein. Messing- oder vernickelte Beschläge sind stets blank, verzinkte oder gestrichene Metallteile frei von Schmutz oder Salzkristallen usw. zu halten. Man mache sich selbst oder seinem Schiffer zum Gesetz, jeden Morgen vor dem Setzen der Flagge das ganze Fahrzeug zu inspizieren, um etwaige Fehler zu korrigieren, bevor die Flagge geheißt wird. Ein über Bord hängendes Tau beweist, daß die Mannschaft liederlich, der Führer weder Seemann noch Sportsmann ist. Die Mannschaft soll einfach, aber sauber und gleichmäßig gekleidet sein. Eine Nachahmung der Marineuniform wirkt lächerlich.

10. Das Leben an Bord.

Der Eigner einer größeren Jacht sollte, wenn er auf längeren Touren G ä s t e an Bord hat, in j e d e r K a b i n e eine B o o t s o r d n u n g anschlagen und höflich, aber fest auf der Einhaltung derselben bestehen.

Ein wichtiger Punkt ist z. B. die R a u c h f r a g e, und hier kann als Grundsatz etwa gelten:

Das Rauchen ist a n D e c k (und in einem evtl. Decksalon) s t e t s, in den K a b i n e n mit Einwilligung etwaiger Mitbewohner, im H a u p t s a l o n n i e gestattet.

Wer je längere Seereisen an Bord einer kleinen Jacht gemacht hat, wird die Wichtigkeit dieser und ähnlicher Bestimmungen kennen.

So lasse man auch nie zu, daß Gäste der Mannschaft oder dem Führer Befehle oder Aufträge erteilen u. a. m.

Liegt man in einem Hafen oder auf Reede, so empfiehlt sich die Einrichtung einer Bootsroutine für den Verkehr mit dem Lande. Wer außerhalb der festgesetzten Zeiten an oder von Bord will, muß ein Boot von Land benutzen.